W0081349

SUPER PLANETA

AUTOR JOHN WOODWARD
CONSULTOR PROFESOR IAIN STEWART

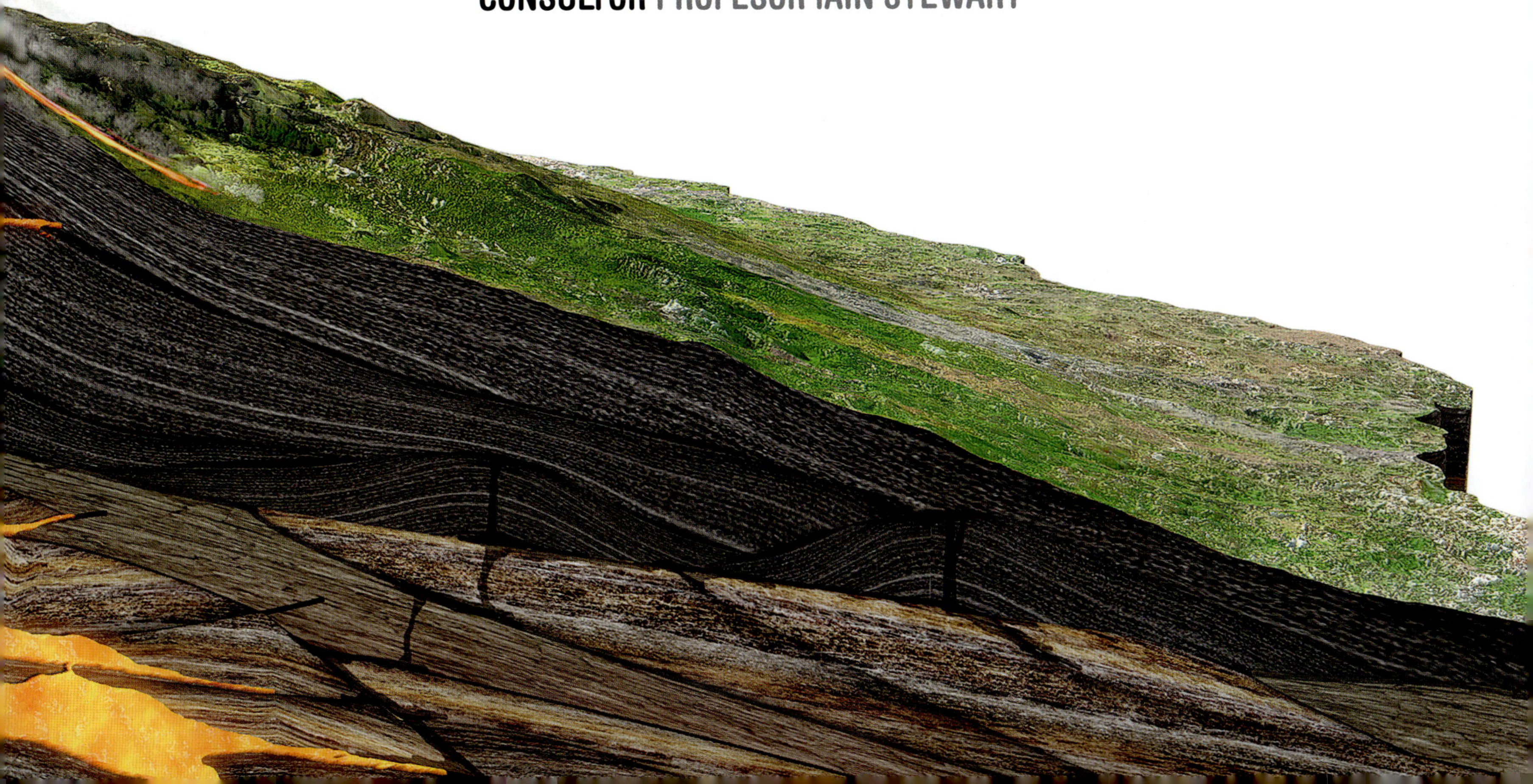

CONTENIDOS

DK LONDRES
Edición sénior Shaila Brown
Edición ejecutiva Lisa Gillespie
Edición ejecutiva de arte Owen Peyton Jones
Preproducción Gillian Reid
Producción sénior Anna Vallarino
Dirección de desarrollo de diseño de cubierta Sophia MTT
Edición de cubierta Claire Gell
Diseño de cubierta Mark Cavanagh

Ilustración Arran Lewis
Dirección editorial Andrew Macintyre
Dirección de arte Karen Self
Subdirección de publicaciones Liz Wheeler
Dirección de diseño Phil Ormerod
Dirección de publicaciones Jonathan Metcalf

DK INDIA
Edición del proyecto Nisha Shaw
Asistencia editorial Smita Mathur
Edición ejecutiva Rohan Sinha
Edición de arte del proyecto Vikas Chauhan

Edición de arte Priyansha Tuli, Meenal Goel
Asistencia a la edición de arte Rohit Bhardwaj, Devika Khosla
Edición ejecutiva de arte Arunesh Talapatra
Documentación gráfica Deepak Negi
Dirección de documentación gráfica Taiyaba Khatoon
Diseño de cubierta Dhirendra Singh
Coordinación editorial de cubierta Priyanka Sharma
Edición ejecutiva de cubierta Sreshtha Bhattacharya
Diseño de maquetación sénior Harish Aggarwal, Neeraj Bhatia
Diseño de maquetación Sachin Gupta
Dirección de preproducción Balwant Singh
Dirección de producción Pankaj Sharma

De la edición en español:
Coordinación editorial Marina Alcione
Asistencia editorial y producción Eduard Sepúlveda
Servicios editoriales Tinta Simpàtica
Traducción Ana Riera Aragay

Publicado originalmente en Gran Bretaña en 2017
por Dorling Kindersley Limited
DK, One Embassy Gardens, 8 Viaduct Gardens,
Londres, SW11 7BW
Parte de Penguin Random House

Título original: *Superearth*
Primera edición: 2023

ISBN: 978-0-7440-8913-4

Impreso y encuadernado en China

Copyright © 2017 Dorling Kindersley Limited
© Traducción española: 2023 Dorling Kindersley Limited

Reservados todos los derechos.
Queda prohibida, salvo excepción prevista en la ley, cualquier
forma de reproducción, distribución, comunicación pública y
transformación de esta obra sin la autorización escrita de
los titulares de la propiedad intelectual.

Para mentes curiosas

www.dkespañol.com

MIXTO
Papel | Apoyando la
selvicultura responsable
FSC™ C018179

Este libro se ha impreso con papel
certificado por el Forest Stewardship
Council™ como parte del compromiso
de DK por un futuro sostenible.
Para más información, visita
www.dk.com/our-green-pledge

INTRODUCCIÓN

La Tierra es un planeta dinámico, un mundo cambiante compuesto de roca, agua, aire y múltiples formas de vida. Fuerzas ocultas bajo la superficie del planeta provocan movimientos lentos pero continuos de la corteza rocosa, formando montañas, desencadenando terremotos y avivando volcanes. Mientras tanto, el calor del sol activa la atmósfera, generando el viento y la lluvia que erosionan el paisaje y crean los accidentes geográficos de la Tierra.

Superplaneta nos da una visión apasionante de este espectáculo natural. Además de mostrar las extraordinarias maravillas geológicas del mundo, explica la formación y el desarrollo de la Tierra y muestra el planeta como un lugar que destaca por su belleza y sus maravillas, desde el calor abrasador de la lava de los volcanes de Hawái hasta las enormes extensiones heladas de la Antártida.

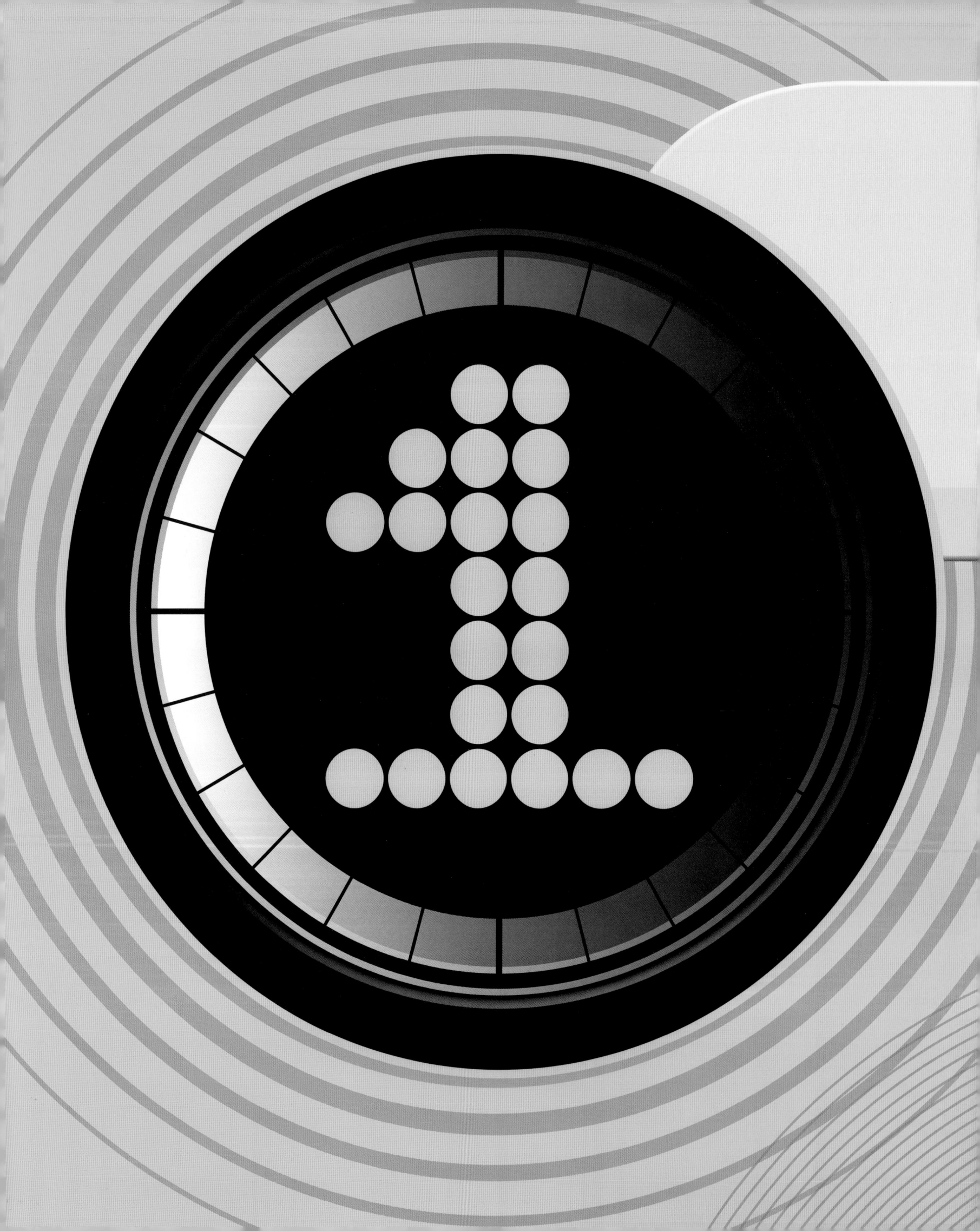

TIERRA ÚNICA

Nuestro mundo, originado a partir de una nube de gas y polvo hace más de 4600 millones de años, ha evolucionado hasta transformarse en un planeta único. El calor de su interior hace que la corteza esté en continuo movimiento, de modo que sus océanos y continentes están en un cambio constante.

LA TIERRA EN EL ESPACIO

La Tierra es uno de los ocho planetas principales que orbitan nuestra estrella más cercana: el Sol. Estos planetas, junto con otros muchos objetos más pequeños, como planetas enanos, lunas, asteroides y cometas, forman nuestro sistema solar, uno de los numerosos sistemas de estrellas y planetas que hay en el universo. Hasta donde sabemos, la Tierra es el único planeta que reúne las condiciones necesarias para que exista y se desarrolle la vida.

SISTEMA SOLAR

Cuando se formó el Sol a partir de una vasta nube de polvo y gas hace unos 4600 millones de años, el polvo y el gas sobrantes se dispersaron y formaron un disco que giraba alrededor del joven Sol. Con el tiempo, la mayor parte se fusionó formando los planetas del sistema solar, tanto los pequeños planetas rocosos interiores como los planetas gigantes gaseosos exteriores.

El Sol es una estrella de tamaño mediano, una enorme bola de gas caliente situada en el centro del sistema solar. Todo el calor y la luz necesarios para que haya vida en la Tierra proceden del Sol.

Saturno, el segundo planeta más grande del sistema solar, tiene unos espectaculares anillos de hielo que se ven desde la Tierra. Como Júpiter, tiene muchas lunas y una atmósfera tormentosa.

Alrededor del 70 por ciento de la superficie de la Tierra está cubierta de agua. La mayor parte de su tierra firme se divide en siete continentes enormes.

Mercurio, el más pequeño de los planetas rocosos, presenta una superficie parecida a la de la luna de la Tierra, llena de cráteres.

Marte es más pequeño y frío que la Tierra. Debe su característico color rojizo a sus rocas ricas en hierro.

Venus está cubierto de densas nubes amarillas compuestas de ácido. Con una temperatura en superficie de 460 °C, es el planeta más caliente del sistema solar.

Planetas interiores

Los cuatro planetas que están más cerca del Sol, Mercurio, Venus, la Tierra y Marte, son bolas de metal y roca sólida o fundida. No tienen atmósfera o la tienen muy liviana, según su tamaño y su gravedad, y solo la Tierra dispone de agua líquida. Estos planetas orbitan el Sol en el mismo plano, pero a distinta distancia.

El cinturón de asteroides está formado por un gran número de objetos rocosos que quedaron cuando se formaron los planetas.

El cinturón de Kuiper está compuesto por fragmentos helados y rocosos que sobraron cuando se formó el sistema solar.

Los cometas son bolas de hielo y polvo que se desplazan por el sistema solar, rodean el Sol y luego se desvanecen más allá de Neptuno.

Neptuno es el planeta más distante y tarda 165 años en orbitar el Sol. Está compuesto por distintos tipos de hielo.

Urano está cubierto de nubes de metano verde azuladas y dispone de un tenue sistema de anillos como el de Saturno. Con temperaturas de hasta -224 °C, es el planeta más frío del sistema solar.

PLANETAS ENANOS

Además de planetas interiores y exteriores, el sistema solar tiene al menos cinco planetas rocosos enanos, como Plutón. A diferencia de los verdaderos planetas, comparten su órbita alrededor del Sol con otros objetos, como los asteroides. Plutón es un asteroide esférico muy grande. Orbita el Sol en el cinturón de Kuiper, más allá de Neptuno, junto con asteroides rocosos o helados más pequeños.

El núcleo sólido de Júpiter está rodeado de bandas arremolinadas de gas que se fusionan y se transforman en fuertes tormentas. Orbitado por 67 lunas, es el planeta más grande del sistema solar.

Planetas exteriores

Júpiter, Saturno, Urano y Neptuno son bolas gigantescas de gas, líquido y hielo, con pequeños núcleos rocosos. Son mucho más grandes que los planetas interiores. El más grande, Júpiter, tiene como 1300 veces el tamaño de la Tierra. Los orbitan muchas lunas, así como fragmentos más pequeños de roca y hielo, como los que forman los anillos de Saturno.

La **gravedad** colosal de Júpiter atrae a muchos asteroides y protege a la **Tierra** de impactos que podrían destruir la vida.

PLANETA AZUL

La Tierra está a la distancia perfecta del Sol, lo que permite que haya abundante agua. En caso de estar más cerca, el planeta sería demasiado caliente y el agua se evaporaría; si estuviera más lejos, sería más frío y toda el agua se congelaría. El agua líquida forma los océanos, origina el clima y es vital para la vida. Sin ella, nuestro planeta sería una bola de roca sin vida.

LAS CAPAS DEL PLANETA

Como el resto de los planetas del sistema solar, la Tierra se formó a partir de la nube de roca, polvo y gas que rodeaba el recién formado Sol hace 4600 millones de años. Todo ello se juntó en una masa esférica de roca caliente, que se fundió y creó varias capas con un pesado núcleo metálico. A la larga, la Tierra se enfrió y se solidificó, formando una corteza rocosa cubierta de océanos con una atmósfera vaporosa.

DEL NÚCLEO A LA CORTEZA

La Tierra tiene un núcleo interno sólido de hierro y níquel, y un núcleo externo metálico líquido. Alrededor del núcleo está el grueso manto de roca caliente pero sólida. La capa rocosa más externa es la fría y frágil corteza.

La Tierra se conoce también como el «planeta azul» por la abundante agua líquida de su superficie.

El calor del núcleo hace que la roca caliente del manto se mueva lentamente y alimenta las erupciones volcánicas.

LUNA

La Luna está compuesta por las mismas rocas que la Tierra. Se formó poco después que esta, a partir de una nube de roca y polvo que la rodeaba tras el impacto de uno o más asteroides grandes.

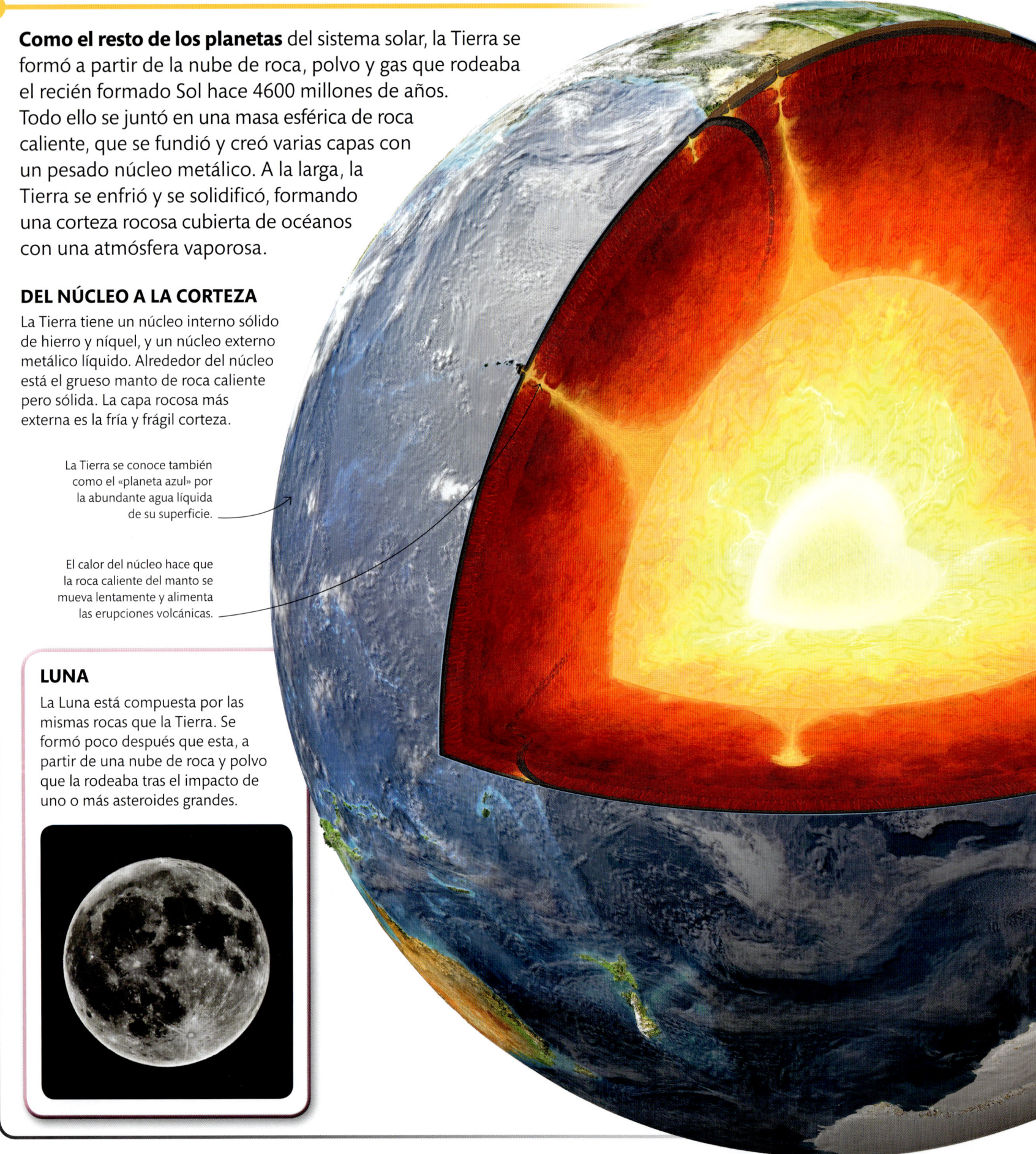

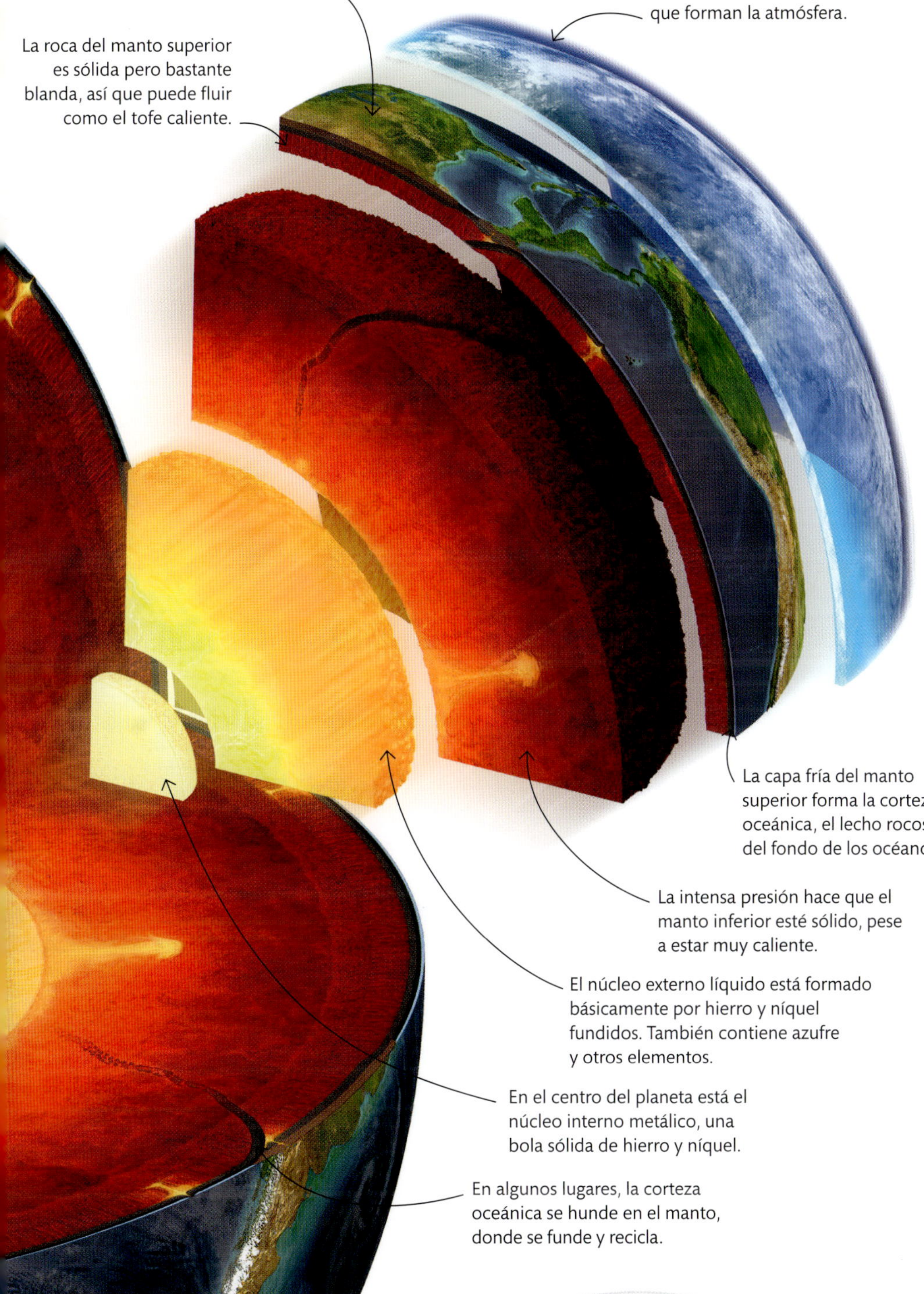

Bloques supergruesos de corteza rocosa que flotan en el denso manto forman los continentes.

La gravedad de la Tierra retiene la mezcla de gases que forman la atmósfera.

La roca del manto superior es sólida pero bastante blanda, así que puede fluir como el tofe caliente.

La capa fría del manto superior forma la corteza oceánica, el lecho rocoso del fondo de los océanos.

La intensa presión hace que el manto inferior esté sólido, pese a estar muy caliente.

El núcleo externo líquido está formado básicamente por hierro y níquel fundidos. También contiene azufre y otros elementos.

En el centro del planeta está el núcleo interno metálico, una bola sólida de hierro y níquel.

En algunos lugares, la corteza oceánica se hunde en el manto, donde se funde y recicla.

La temperatura del núcleo interno de la **Tierra** es de unos 5500 °C, como la de la superficie del Sol.

TIERRA PRIMITIVA

La Tierra se formó a causa de la fuerza de gravedad, que hace que los objetos que flotan por el espacio se atraigan entre sí. La gravedad aumenta con la masa, lo que permite que una bola de polvo se convierta en un planeta.

ACRECIÓN

Los fragmentos de roca espacial colisionaban por la gravedad y los impactos generaron un calor que fundió parcialmente las rocas espaciales y luego las fusionó. Este proceso se denomina acreción.

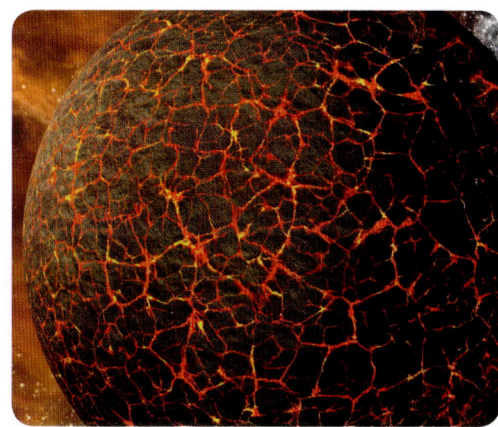

FUNDIDO

El calor creciente por el impacto de tantas rocas espaciales hizo que la Tierra se fundiera. La mayor parte del pesado hierro acabó quedando en el centro y formando el núcleo del planeta.

AIRE Y AGUA

Las erupciones volcánicas masivas de los primeros 500 millones de años del planeta liberaron vapor de agua y otros gases, que formaron los océanos y la atmósfera primitiva.

UN PLANETA DINÁMICO

La corteza de la Tierra está en constante movimiento, impulsada por las corrientes de calor de su interior. El movimiento es muy lento, pero poderoso. Ha dividido la corteza en enormes placas rocosas que en algunos lugares se están separando y en otros colisionando. Las placas poco a poco van cambiando la Tierra.

La corriente de calor va desde el núcleo hasta debajo de la corteza.

Corteza

La roca caliente del manto se desplaza hacia los lados debajo de la corteza.

Manto

Núcleo

Al enfriarse, la roca del manto se hunde de nuevo en este, donde vuelve a calentarse.

El manto frío al hundirse arrastra parte de la corteza.

CALOR PROFUNDO

La roca radiactiva del interior del planeta libera energía, que genera calor del mismo modo que un reactor nuclear. El calor se eleva por el manto hasta la superficie mediante corrientes de convección, que circulan por la roca ablandada por el calor del manto. Dichas corrientes hacen que la roca se desplace muy lentamente. Se eleva hasta justo debajo de la corteza, se desplaza hacia los lados y vuelve a hundirse al enfriarse.

La mayor parte de América del Norte está sobre la placa Norteamericana.

La placa del Pacífico es una de las placas oceánicas más grandes.

La dorsal del Pacífico Oriental es una fisura en la que se está formando una corteza oceánica nueva.

Los puntos calientes son zonas de actividad volcánica.

CLAVE

▲ Zona volcánica
● Punto caliente
● Zona de terremotos
— Límite de placa

CAMPO MAGNÉTICO

El núcleo externo de la Tierra se compone de metal fundido rico en hierro. Las corrientes de calor y la rotación del planeta lo mantienen en movimiento. Al moverse, el metal líquido genera corrientes eléctricas que crean un campo magnético alrededor de la Tierra. Este tiene un polo norte y un polo sur, que no están del todo alineados con los polos geográficos de la Tierra.

Polo norte magnético

Polo norte geográfico

Líneas de fuerza magnética

Polo sur geográfico

Polo sur magnético

ARMAZÓN FRACTURADO

La corteza se divide en secciones llamadas placas tectónicas. Las corrientes de convección horizontales de la corteza de la Tierra hacen que estas placas se muevan constantemente. O se alejan entre ellas o se empujan, provocando terremotos y volcanes. Allí donde las placas se separan se forma una nueva corteza y allí donde las placas colisionan, la vieja corteza se comprime o destruye.

La **corteza** de la Tierra se mueve a la misma **velocidad** a la que crecen las uñas.

CONTINENTES A FLOTE

La corteza de la Tierra se divide en una gruesa corteza continental y otra corteza oceánica mucho más delgada. Las rocas que forman los continentes son más ligeras que las del lecho oceánico, así que flotan en el denso manto del mismo modo que el hielo flota en el agua. Por eso los continentes están más elevados que el lecho oceánico.

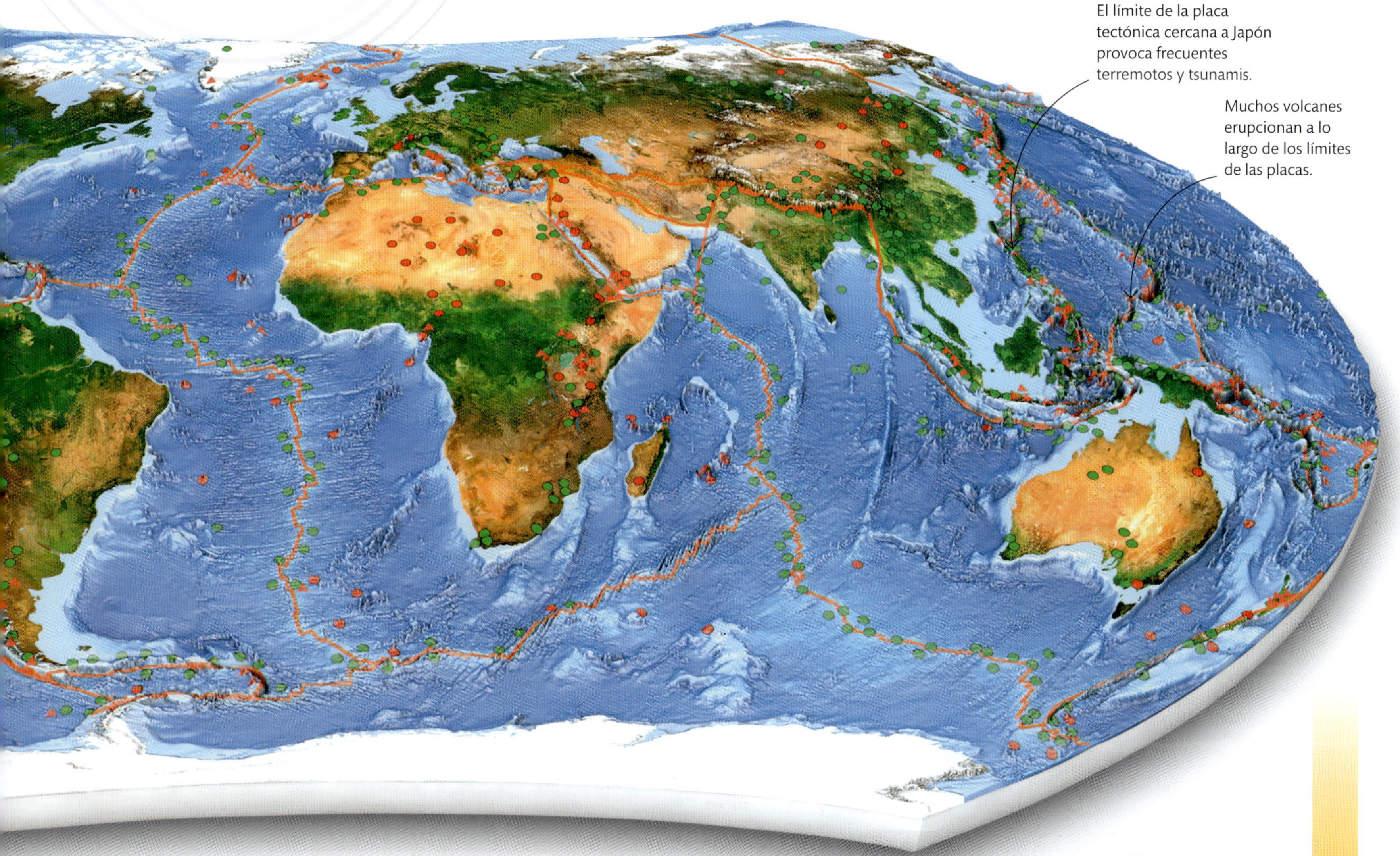

El límite de la placa tectónica cercana a Japón provoca frecuentes terremotos y tsunamis.

Muchos volcanes erupcionan a lo largo de los límites de las placas.

CONTINENTES A LA DERIVA

Los continentes están anclados en las placas móviles de la corteza, que los desplazan muy lentamente por el globo. A lo largo de millones de años, se han alejado o acercado entre sí adoptando distintas disposiciones. Los continentes que conocemos hoy son partes de un supercontinente que existió hace 270 millones de años y que se fragmentó durante la era de los dinosaurios.

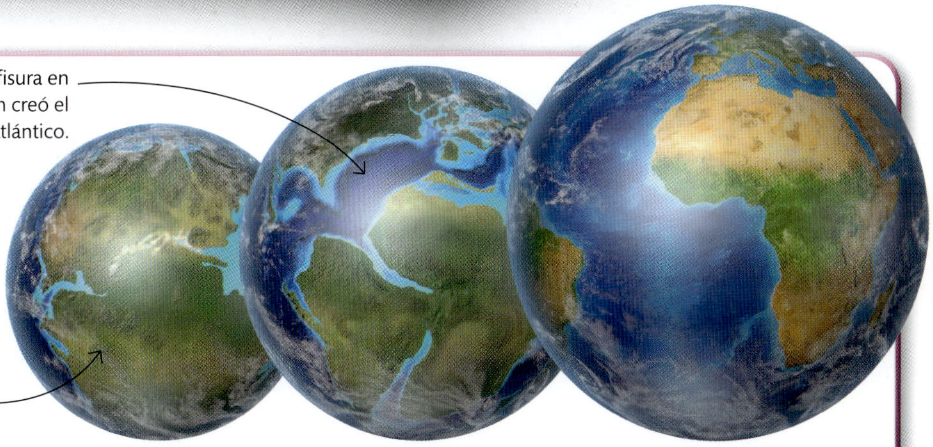

Una fisura en expansión creó el océano Atlántico.

El gigantesco supercontinente Pangea estaba rodeado por un océano global.

Hace 270 millones de años   **Hace 120 millones de años**   **Actualmente**

RIFTS EN EXPANSIÓN

Donde las placas móviles de la corteza de la Tierra se separan, se forman rifts en expansión que disminuyen la presión sobre la roca caliente de debajo, permitiendo que se funda. La roca fundida fluye hacia el rift, donde forma una nueva corteza. La mayoría de estos rifts están en el lecho oceánico, donde el calor de debajo los empuja formando dorsales de montañas submarinas. Estas dorsales oceánicas se extienden por todo el planeta, lo que las convierte en las cordilleras montañosas más largas de la Tierra.

DORSAL MESOATLÁNTICA

La dorsal mediooceánica más larga se extiende de norte a sur a lo largo del lecho del océano Atlántico, alcanzando los 3 km de alto. El rift original empezó a formarse hace 200 millones de años, durante el Jurásico inferior, en la era de los dinosaurios. Desde entonces ha estado separándose a un ritmo de unos 2,5 cm al año, alejando América de Europa y África.

FALLA TRANSFORMANTE

El rift de una dorsal mediooceánica no forma una línea continua. Suele quedar interrumpida por enormes fracturas en la corteza oceánica. Estas fallas transformantes son originadas por secciones del lecho oceánico que se alejan del rift en distintas direcciones. Donde la falla desplaza el rift, las rocas de ambos lados de la falla se deslizan una sobre otra, provocando terremotos.

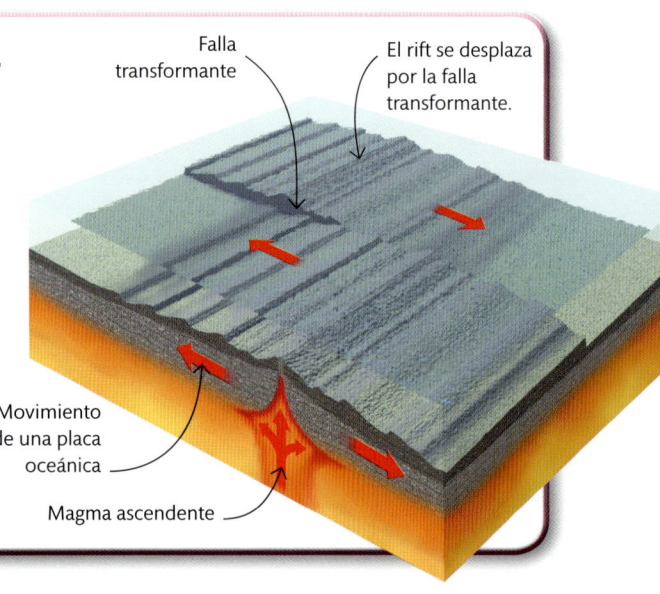

Falla transformante

El rift se desplaza por la falla transformante.

Movimiento de una placa oceánica

Magma ascendente

Norteamérica

La dorsal se extiende alrededor de 16 000 km, desde el océano Glacial Antártico hasta el Ártico.

FUENTES HIDROTERMALES

La fosa tectónica del centro de la dorsal está salpicada de fuentes hidrotermales de agua caliente que salen de la roca. Los minerales de la roca disueltos por el agua muy caliente se transforman en partículas sólidas en el frío océano, formando fumarolas blancas o fumarolas negras carbonosas.

El rift central está flanqueado por fallas transformantes producidas por partes del lecho oceánico que se han movido en distintas direcciones.

Sudamérica

Unos animales asombrosos, como estos gusanos de tubo gigantes, forman densas colonias alrededor de las fuentes.

Una gruesa corteza continental forma el continente de Sudamérica.

Una fina corteza oceánica forma el lecho oceánico del Atlántico Sur.

En la dorsal el lecho oceánico está elevado a causa de la expansión de la roca caliente del manto debajo de la corteza.

ISLANDIA

En el Atlántico Norte, una columna de calor que sube por el manto de la Tierra ha producido suficiente magma como para elevar parte de la dorsal Mesoatlántica sobre las olas. Se trata de Islandia, famosa por sus volcanes y géiseres. Toda la isla está compuesta de roca basáltica erupcionada del rift en expansión de la dorsal Mesoatlántica, la misma roca oscura y pesada que forma el lecho oceánico profundo.

OCÉANOS EN EXPANSIÓN

Al formarse una nueva corteza oceánica en un rift en expansión, el lecho oceánico se ensancha. Así, en 180 millones de años, el océano Atlántico ha pasado de ser un estrecho valle a ser un amplio océano. Ese mismo proceso se encuentra en su fase inicial en el mar Rojo, un rift en expansión que crece alrededor de 1 cm al año.

MAR ROJO
El mar Rojo se ha formado allí donde la placa arábiga y la placa africana se están separando. Acabará convirtiéndose en un océano.

Groenlandia

Irlanda

El borde sumergido de un continente forma una plataforma continental poco profunda.

El lecho oceánico está salpicado de montañas submarinas de hasta 4000 m de alto.

España

LAVA ACOJINADA

La roca fundida que erupciona del lecho oceánico se endurece una vez fuera, al alcanzar el agua fría. Pero la presión interna hace que irrumpa a través de la dura corteza formando lóbulos redondeados, lo que se conoce como lava acojinada.

Fuera de la dorsal, el lecho oceánico está cubierto por gruesas capas de sedimento blando.

África

La roca de la corteza continental es más ligera que la roca del manto, así que flota sobre ella.

La roca del manto está muy caliente pero suele mantenerse sólida a causa de la presión.

Donde el magma fluye y se endurece se forma una nueva corteza oceánica.

TIERRA ÚNICA

ZONAS DE COLISIÓN

Cuando se forma una nueva corteza oceánica en los límites de las placas que se están alejando, se destruye parte de la vieja corteza oceánica en los límites de otras placas que están colisionando. El borde de una placa se desliza bajo otra en un proceso llamado subducción. Ello origina profundas fosas oceánicas y cadenas de islas volcánicas, eleva cadenas montañosas y provoca terremotos y tsunamis.

La corteza se crea al mismo ritmo al que se destruye.

DESTRUCCIÓN OCEÁNICA

Allí donde dos placas de corteza oceánica se empujan, la placa con la roca más antigua y pesada se ve obligada a deslizarse debajo de la otra y acaba destrozada. Al hundirse arrastra consigo agua y minerales. Estos se calientan y suben por la placa superior, haciendo que parte de la roca se funda. La roca fundida erupciona por el lecho oceánico, formando hileras de volcanes llamadas arcos insulares.

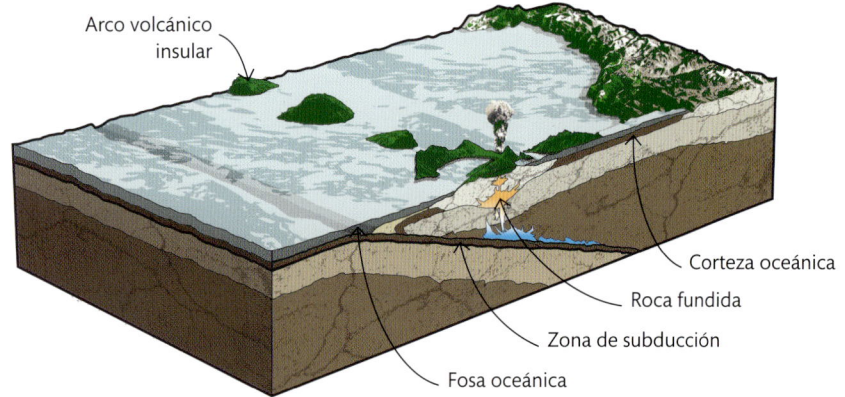

Arco volcánico insular
Corteza oceánica
Roca fundida
Zona de subducción
Fosa oceánica

ARCO INSULAR DE LAS ALEUTIANAS
Esta cadena de 69 islas volcánicas que unen Alaska y Siberia muestra el lugar en el que el lecho oceánico del Pacífico se desliza bajo el mar de Bering.

FORMACIÓN DE MONTAÑAS

En los lugares donde la corteza oceánica colisiona con la corteza continental, la roca oceánica más pesada se desliza bajo el continente. La presión de las placas al chocar hace que el borde del continente se deforme, formando una cadena de montañas plegadas como los Andes sudamericanos. La roca fundida que se forma debajo de las montañas erupciona a través de cadenas de volcanes.

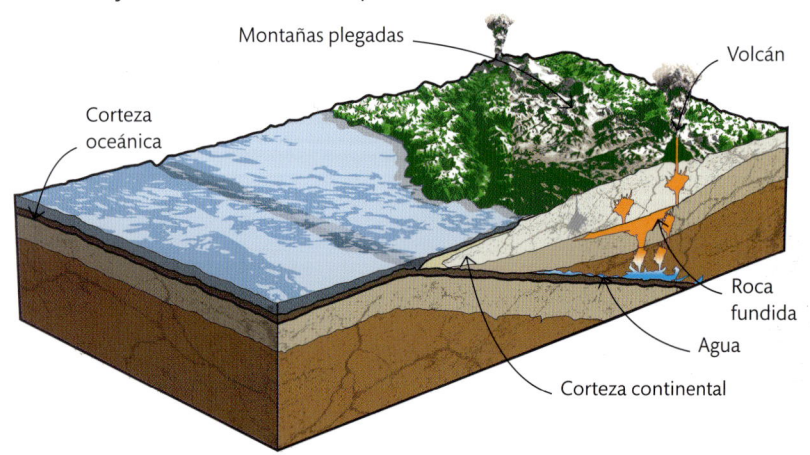

Montañas plegadas
Volcán
Corteza oceánica
Roca fundida
Agua
Corteza continental

MONTE SANTA HELENA
Las montañas y los volcanes de la cordillera de las Cascadas, en Norteamérica, se formaron cuando la pesada corteza oceánica se desplazó debajo del continente.

COLISIÓN DE CONTINENTES

La corteza continental está formada por rocas relativamente ligeras que flotan en el pesado manto de la Tierra como si fueran balsas. No pueden hundirse en él, así que si dos placas de corteza continental chocan, ambas se deforman por el borde formando elevadas montañas plegadas. El Himalaya se formó de este modo. Debajo de las montañas un bloque de pesada roca del manto superior empuja a otro desde abajo y eso puede hacer que se funda. Pero la mayor parte de esta roca fundida permanece bajo el suelo, donde finalmente se transforma en granito sólido.

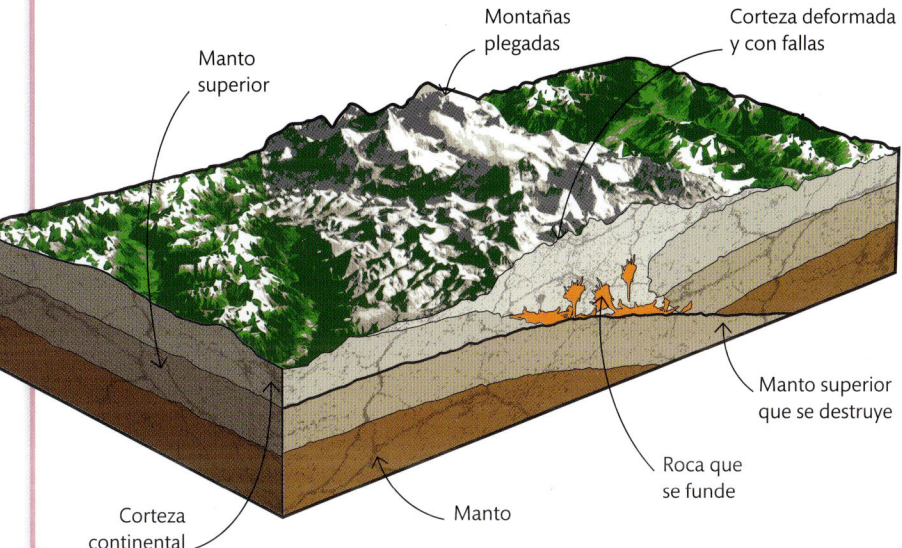

Montañas plegadas

Corteza deformada y con fallas

Manto superior

Manto superior que se destruye

Roca que se funde

Corteza continental

Manto

ALPES
Hace 70 millones de años, Italia colisionó con el resto de Europa y los Alpes se elevaron. La imagen de satélite muestra que forman un cinturón de montañas plegadas con la cima nevada en la zona de colisión.

CINTURÓN DE FUEGO

La mayoría de las zonas de subducción están alrededor del borde del océano Pacífico. Forman una cadena de profundas fosas oceánicas, volcanes y montañas que se extienden desde el norte de Nueva Zelanda hasta Alaska y por la costa pacífica de América del Norte y del Sur. Son tan activas que se conocen como el cinturón de fuego del Pacífico. Más del 75 por ciento de los volcanes del mundo han erupcionado aquí. Asimismo, el cinturón de fuego es responsable de alrededor del 90 por ciento de los terremotos del mundo.

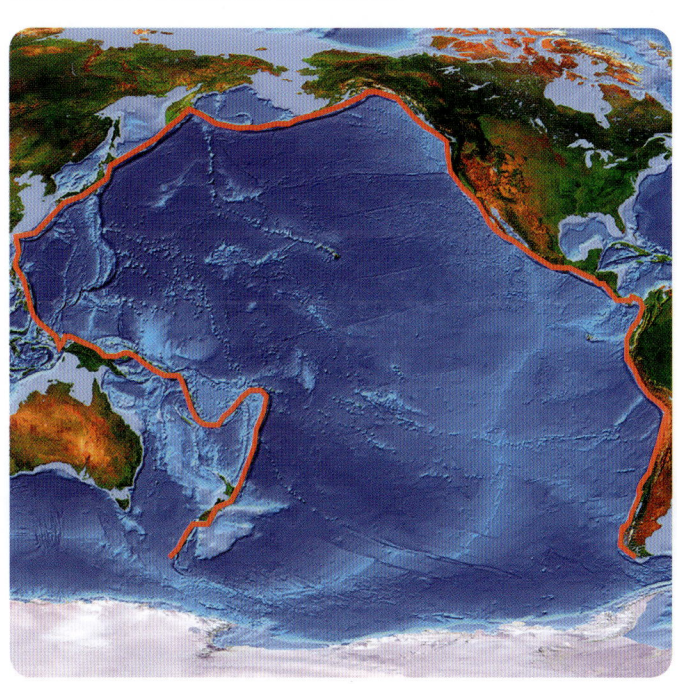

Las fosas oceánicas se forman allí donde una placa de corteza oceánica se desliza debajo de otra, o debajo de un continente.

FOSAS OCEÁNICAS

Los lugares donde la corteza oceánica es destruida están marcados por profundas fosas en el lecho oceánico. De media, los océanos tienen 3800 m de profundidad, pero algunas fosas oceánicas alcanzan una profundidad de 7000 m o más. La más profunda, la fosa de las Marianas, en el Pacífico occidental, se encuentra a casi 11 000 m de la superficie.

FISURA ABIERTA

Islandia se formó a partir de la roca que
erupcionó de la dorsal Mesoatlántica donde
rompe la superficie cerca de Groenlandia.
El rift entre la placa norteamericana y la
placa euroasiática atraviesa la isla, creando
amplios valles. Es una de las muchas fallas
del lecho del valle de Thingvellir, que poco
a poco se está separando.

TERREMOTOS

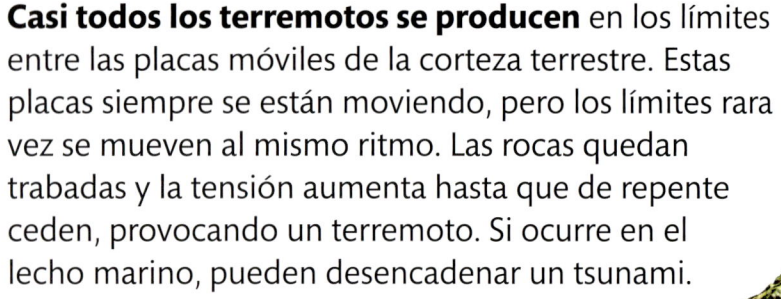

Casi todos los terremotos se producen en los límites entre las placas móviles de la corteza terrestre. Estas placas siempre se están moviendo, pero los límites rara vez se mueven al mismo ritmo. Las rocas quedan trabadas y la tensión aumenta hasta que de repente ceden, provocando un terremoto. Si ocurre en el lecho marino, pueden desencadenar un tsunami.

Esta placa de la corteza terrestre se mueve muy despacio, pero su borde se ha trabado con otra placa.

ONDA DE CHOQUE

Si el límite entre las placas en movimiento sigue deslizándose, los temblores son leves. Pero si el límite queda trabado, los bordes de las placas se deforman. Cuando las rocas ceden, el movimiento que debería haberse producido poco a poco a lo largo de muchos años tiene lugar en pocos minutos, lo que genera la onda de choque que conocemos como terremoto.

Un terremoto lo causa un movimiento repentino de la falla tectónica allí donde las placas se deslizan una junto a otra.

El punto donde la falla ha cedido es el foco del terremoto. Se encuentra bajo tierra.

Los mayores daños se producen directamente sobre el foco. Este punto se llama epicentro.

FUERZA DESTRUCTIVA

La mayoría de los terremotos duran solo minutos, pero pueden ser devastadores. Parte de los daños pueden deberse al movimiento de las rocas a lo largo de una falla tectónica. Pero la mayor destrucción la causan las ondas de choque que se propagan desde el epicentro. Pueden hacer temblar el suelo con tal violencia que todos los edificios acaben desplomándose.

COLAPSO ESTRUCTURAL

Los temblores hacen que los edificios de ladrillo o piedra se desmoronen y se desplomen. Incluso los edificios con estructura de acero pueden caer.

DESLIZAMIENTOS

En regiones montañosas, la roca y la tierra pueden desprenderse y deslizarse cuesta abajo. Si caen sobre una localidad, pueden tener efectos devastadores.

INCENDIOS

En una ciudad, suelen destrozar los conductos de gas, los depósitos de gasolina y el cableado, y causar incendios más dañinos que el terremoto en sí.

Las ondas de choque se propagan desde el foco del terremoto, como las ondas en una charca. Hacen temblar el suelo y suelen causar una gran destrucción.

INTERIOR DE LA TIERRA

Las ondas de choque procedentes de un terremoto son detectadas en todo el mundo gracias a unos instrumentos llamados sismómetros. La forma en que dichas ondas de choque se desplazan por el planeta varía según su naturaleza y según las capas que atraviesan. Eso ha permitido a los científicos conocer la estructura interna de nuestro planeta.

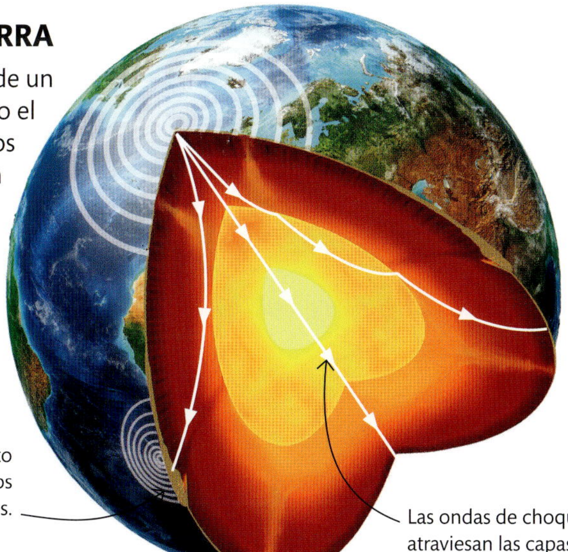

Las ondas de un terremoto son detectadas en otros continentes.

Las ondas de choque atraviesan las capas de la Tierra de diversas formas.

TSUNAMI

Los terremotos bajo el mar pueden causar tsunamis. El más devastador lo causa la elevación repentina de las rocas del lecho oceánico en las zonas de subducción, donde una placa de la corteza se desliza bajo otra.

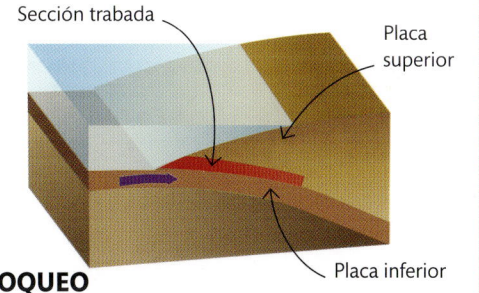

Sección trabada

Placa superior

Placa inferior

BLOQUEO

Aunque la placa inferior puede deslizarse bajo la placa superior, a menudo las dos placas quedan trabadas.

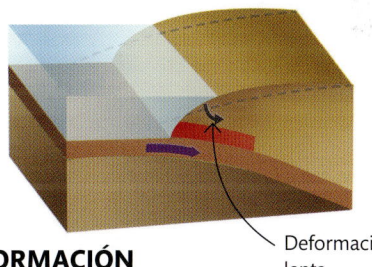

Deformación lenta

DEFORMACIÓN

Al seguir moviéndose, la placa inferior arrastra hacia abajo la parte bloqueada de la superior y deforma su borde, aumentando la tensión.

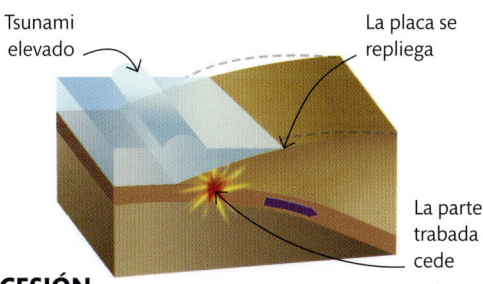

Tsunami elevado

La placa se repliega

La parte trabada cede

CESIÓN

Al final, las rocas ceden. El borde del margen de la placa superior se desplaza hacia arriba, empujando el agua y causando un tsunami.

ELEVACIÓN

Un terremoto puede causar cambios drásticos en el paisaje. En 1964, un fuerte terremoto levantó esta embarcación en la costa pacífica de Alaska y la sacó fuera del mar. Actualmente sigue varada en una isla. Se elevó casi 5 m en menos de 5 minutos. Otras partes de Alaska se hundieron 2,4 m.

VOLCANES

La mayoría de los volcanes muestran los límites entre las placas en movimiento de la corteza terrestre. Algunos erupcionan a través de rifts en expansión donde las placas se están alejando; otros sobre zonas de subducción donde las placas están colisionando. También hay volcanes sobre puntos calientes, alimentados por corrientes de calor aisladas que se elevan bajo la corteza.

TIPOS DE ERUPCIONES

Los volcanes erupcionan de forma distinta según su ubicación. Los volcanes oceánicos desprenden lava líquida compuesta por roca fundida del manto que fluye con facilidad. Los continentales, lava viscosa que puede obstruir las chimeneas volcánicas y causar erupciones explosivas. Hay también muchos tipos intermedios.

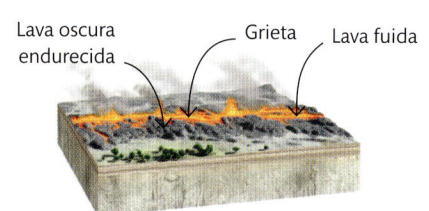

Lava oscura endurecida — Grieta — Lava fuida

Fisurales

Los rifts en expansión pueden originar grietas por las que sale lava líquida basáltica. Se dan en el lecho oceánico, pero también pueden verse en Islandia.

Una fuente de fuego hacia el cielo.

Chimenea lateral

La lava se desliza desde el cráter.

Nube pequeña de ceniza o ausencia de nube.

Bombas de lava lanzadas al aire.

Hawaiana

Los volcanes de puntos calientes oceánicos producen lava líquida, que fluye desde el cráter. También pueden producir fuentes de fuego de lava.

Estromboliana

En una erupción estromboliana, la lava es más viscosa y contiene más gas. El gas se expande rápidamente cuando llega al cráter, lanzando lava fundida a gran altura.

Columna de cenizas de altura media

Bombas volcánicas

Vulcaniana

Cuando la lava contiene mucho sílice, es tan viscosa que suele solidificarse en la chimenea. Eso hace que la presión aumente, provocando erupciones raras pero violentas.

Nube de ceniza elevada

Lluvia de ceniza

Lava

Pliniana

Las erupciones más grandes y explosivas lanzan lava y ceniza a gran altura. La nube de ceniza puede desplomarse y caer cuesta abajo en una avalancha mortal.

MONTAÑAS DEL FUEGO

Un volcán típico consiste en un cono elevado rematado por un cráter. Emite lava y ceniza volcánicas, que se asientan alrededor del cráter para fortalecer el cono. Pero algunos volcanes son muy distintos y no son fáciles de reconocer.

Estratovolcán

Este tipo de volcán se forma donde una de las placas se desliza debajo de otra. Libera lava viscosa que no se desplaza lejos. Las capas de lava y ceniza forman un cono empinado.

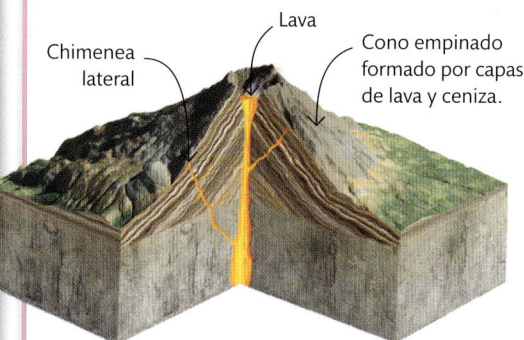

Lava

Chimenea lateral

Cono empinado formado por capas de lava y ceniza.

VOLCÁN ARENAL

La lava incandescente desciende por la ladera del Arenal, un estratovolcán de Costa Rica.

Volcán en escudo

Los volcanes en puntos calientes oceánicos o rifts en expansión producen una lava muy fluida. Puede desplazarse lejos antes de enfriarse y volverse sólida, formando anchos volcanes en escudo.

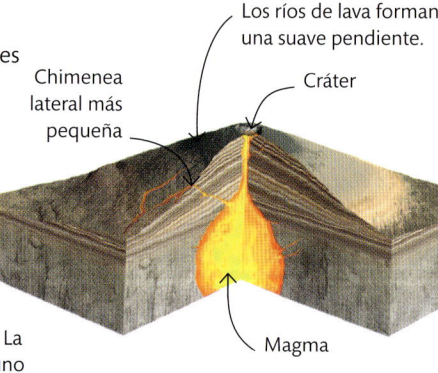

Los ríos de lava forman una suave pendiente.

Chimenea lateral más pequeña

Cráter

Magma

PITÓN DE LA FOURNAISE

Este volcán en escudo de la isla de La Reunión en el océano Pacífico es uno de los volcanes más activos del mundo.

CALDERAS

Un volcán que no entra en erupción durante siglos suele tener el cráter obstruido. La presión aumenta hasta que se produce una erupción masiva que sale disparada hacia el cielo. La cámara magmática del interior del volcán se vacía, así que ya nada sostiene la cumbre, que cae en el espacio vacío. Lo que queda es una amplia caldera más ancha que el cráter original.

MONTE SANTA HELENA
Este estratovolcán de Estados Unidos tenía cima cónica. Pero en mayo de 1980 una gran erupción hizo que la parte superior cediera y formara una caldera. Un nuevo cono volcánico se está formando dentro de la caldera.

SUPERVOLCANES

Los volcanes más grandes y peligrosos erupcionan con una fuerza tan demoledora que todos los materiales van a parar muy lejos. Eso significa que no hay cono y que la única evidencia clara puede ser una enorme caldera que forma un lago lleno de agua, a menudo salpicado de fuentes termales.

SUPERVOLCÁN TOBA
El lago Toba de Indonesia es una gigantesca caldera creada por la erupción volcánica más grande de los últimos 2 millones de años. Su isla central ha emergido debido a la presión del magma.

Volcán fisural

En las zonas de rift, la lava líquida puede salir por una fisura de la corteza y fluir en un flujo de roca fundida. Cuando se endurece, crea una formación de basalto plana llamada trap.

Lava erupcionada

Trap

Fisura en la corteza

HOLUHRAUN
La lava ardiente erupcionada a través de esta fisura islandesa ha creado un campo de lava de 85 km².

AGUA SUPERCALIENTE

Los volcanes son los fenómenos más espectaculares de los límites de las placas tectónicas y los puntos calientes de la Tierra. El magma que asciende por la corteza calienta el agua filtrada en el suelo, que tiende entonces a subir y vuelve a la superficie, donde entra en erupción en forma de fuentes termales y géiseres. Estos, a diferencia de los volcanes, suelen estar siempre activos.

ALTA PRESIÓN

Los fenómenos geotérmicos se deben al agua que se calienta bajo tierra. La alta presión de la profundidad cobrecalienta el agua por encima de su punto de ebullición, lo que hace que disuelva los minerales de las rocas. El agua caliente asciende por los respiraderos, formando a menudo fuentes termales o escapando en forma de vapor en las fumarolas. La gran presión puede dar lugar a espectaculares géiseres. Las sustancias químicas del agua pueden atacar la roca y convertirla en lodo líquido caliente que burbujea en forma de fangos.

El géiser entra en erupción a intervalos frecuentes y regulares, explotando desde un respiradero de una piscina poco profunda.

A menudo, el agua se convierte en vapor antes de llegar a la superficie, y entra en erupción por una fumarola.

Parte del agua caliente de la cámara sale y la presión baja. Esto hace que el agua de abajo hierva y erupcione en forma de géiser.

El peso del agua caliente en la cámara superior hace que la presión se acumule en el respiradero, calentando el agua por encima del punto de ebullición normal.

El gas sulfúrico volcánico disuelto en el agua crea ácido sulfúrico. Esto convierte la roca porosa en lodo, que burbujea en un pozo de barro.

El magma de las profundidades calienta la roca y el agua de la roca porosa que hay encima.

CAMPOS GEOTÉRMICOS

La mayoría de las fuentes termales, géiseres y otros fenómenos se producen donde las placas de la corteza terrestre se separan. Entre ellos están las fumarolas de Islandia o las fumarolas negras de las dorsales oceánicas. Algunas de las más famosas se alimentan del calor de grandes volcanes inactivos, como el de Yellowstone, en Estados Unidos. Estos fenómenos suelen agruparse en conjuntos denominados campos geotérmicos.

Los géiseres y las fuentes termales suelen indicar volcanes ocultos.

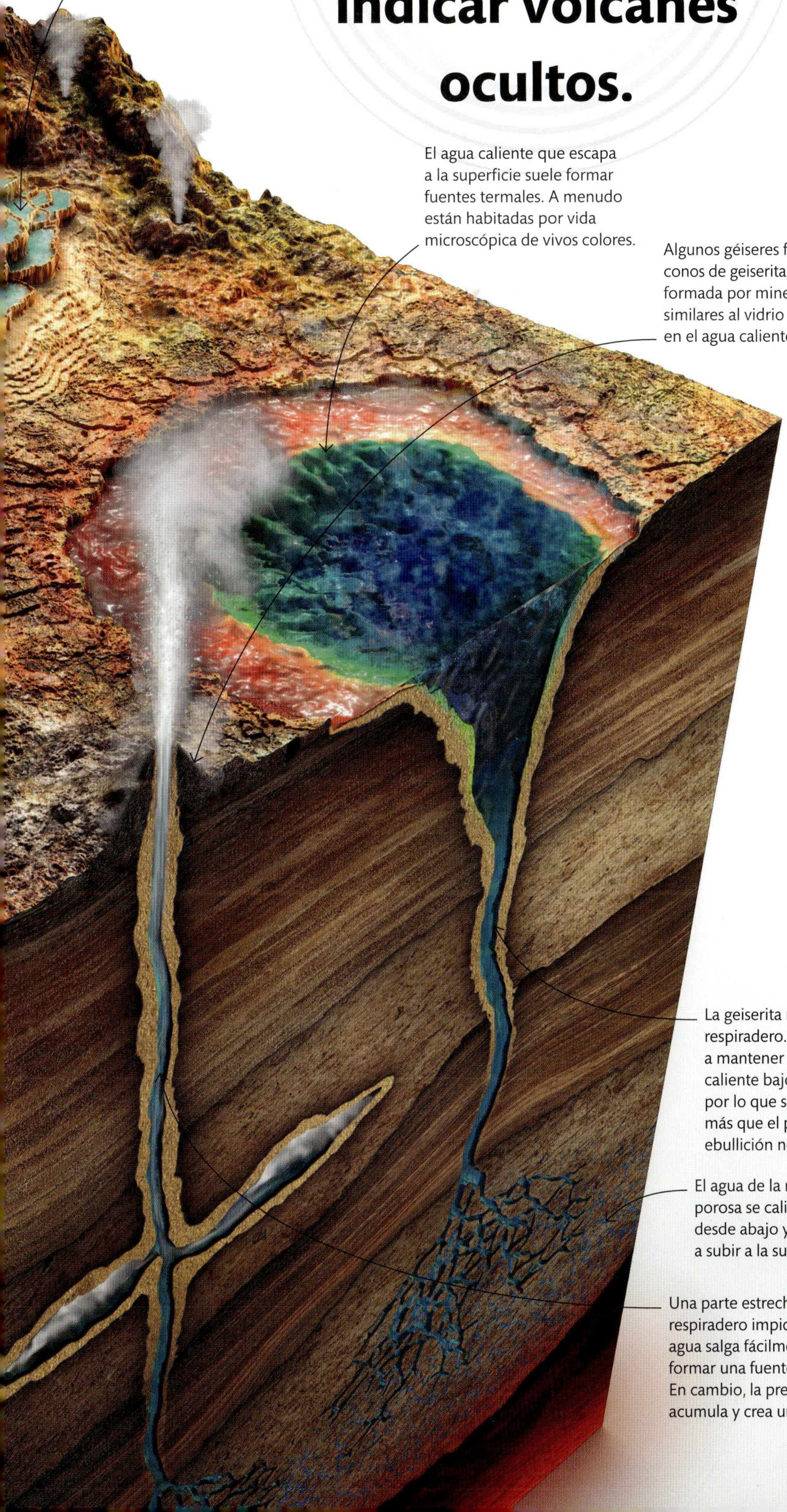

El agua caliente, que contiene piedra caliza disuelta, crea terrazas de travertino calcáreo.

El agua caliente que escapa a la superficie suele formar fuentes termales. A menudo están habitadas por vida microscópica de vivos colores.

Algunos géiseres forman conos de geiserita, una roca formada por minerales similares al vidrio disueltos en el agua caliente.

La geiserita recubre el respiradero. Esto ayuda a mantener el agua caliente bajo presión, por lo que se calienta más que el punto de ebullición normal.

El agua de la roca porosa se calienta desde abajo y empieza a subir a la superficie.

Una parte estrecha de este respiradero impide que el agua salga fácilmente para formar una fuente termal. En cambio, la presión se acumula y crea un géiser.

POR TODO EL MUNDO

AGUA CALIENTE
En las montañas del centro de Japón, los macacos se bañan en las piscinas de aguas termales para estar calientes en invierno. Algunas fuentes termales las usan las personas, pero muchas están demasiado calientes.

GÉISER GIGANTE
El géiser Steamboat, del parque nacional de Yellowstone, es el mayor géiser activo del mundo. En una gran erupción, puede lanzar agua caliente a más de 90 m de altura, pero esto no ocurre con mucha frecuencia.

LODO BURBUJEANTE
En la isla volcánica de Islandia, las aguas termales ácidas que se filtran por la ceniza volcánica crean piscinas burbujeantes de lodo líquido. Las burbujas, llenas de gas, estallan con un olor sulfuroso de huevos podridos.

VAPOR VOLCÁNICO
Esta fumarola de la isla mediterránea de Vulcano emite vapor que contiene azufre disuelto. Al enfriarse el vapor con el aire, el azufre se convierte en cristales amarillos brillantes que cubren la roca volcánica a su alrededor.

BAJO PRESIÓN

Cuando el géiser Strokkur de Islandia entra en erupción, la presión del vapor hace que el agua caliente suba formando una brillante cúpula azul. A los pocos segundos, la cúpula explota creando una fuente de agua y vapor que puede alcanzar los 30 m de altura. El Strokkur, que se activa cada 6-10 minutos, es uno de los más de 50 fenómenos geotérmicos del valle de Haukadalur, en Islandia.

PLANETA ROCOSO

La corteza de la Tierra está formada por muchos tipos de roca. Algunas se han creado a partir de lava fundida o magma fundido que se ha enfriado, mientras que otras están compuestas por fragmentos de roca que se han consolidado. La presión y el calor intensos pueden transformar una clase de roca en otra. Por su parte, los procesos de desgaste y erosión van deshaciendo continuamente la roca sólida, creando sedimentos blandos que forman nuevas rocas.

El CICLO DE LAS ROCAS

La roca fundida que erupciona desde el interior de la Tierra se desgasta cuando queda expuesta al clima. Se transforma en arena y barro, que suelen acabar en el mar. En el mar forman capas que poco a poco se endurecen, formando rocas sedimentarias. Si quedan sepultadas bajo el suelo, estas rocas pueden transformarse en rocas más duras a causa del calor y la presión.

FALLAS Y PLEGAMIENTOS

Donde las placas móviles de la corteza terrestre colisionan, las capas de roca se comprimen y pliegan a causa de la presión. Pueden girar sin parar o incluso invertirse. Las rocas también pueden romperse, así que las capas dejan de estar alineadas con las líneas de falla. Las fallas más grandes forman límites entre las placas móviles y su movimiento causa terremotos.

La lava sale de los volcanes y se enfría formando rocas ígneas volcánicas.

El hielo de los glaciares reduce la roca a cascotes y parte de ellos, a polvo.

El hielo, la lluvia y el calor desmenuzan las rocas y forman el suelo en el que crecen las plantas.

Parte del magma sale de los volcanes en forma de lava y de cenizas, lo que crea los conos volcánicos.

El magma se solidifica bajo tierra y forma rocas ígneas como el granito.

Los cambios químicos hacen que la roca caliente se funda y forme el magma que rezuma hacia arriba.

El calor y la presión transforman las rocas sedimentarias en rocas metamórficas, que son mucho más duras.

Comprimidas y plegadas por unas fuerzas enormes, las rocas forman cadenas montañosas.

La roca sedimentaria sepultada en la corteza se comprime y se calienta, cambiando su naturaleza.

Las placas móviles de la corteza terrestre arrastran capas de roca bajo los continentes.

FÓSILES

Algunas rocas sedimentarias contienen restos de seres vivos que murieron hace mucho. La mayoría de estos fósiles conservan huesos o conchas que permiten a los científicos seguir la evolución de la vida. También sirven para fechar las rocas, ya que todas las rocas que contienen los mismos fósiles tienen que haberse formado en la misma época.

La lluvia es ligeramente ácida en la naturaleza y disuelve algunos de los minerales que mantienen unidas las rocas.

Los ríos esculpen valles en el paisaje, transformando la roca en partículas cada vez más pequeñas.

Las partículas de arena, limo y arcilla transportadas por el agua de los ríos van a parar al mar.

Los esqueletos de criaturas marinas microscópicas acaban en el lecho marino, donde forman gruesas capas.

Los sedimentos blandos del lecho marino poco a poco se van sepultando y compactando.

Los sedimentos compactados con el tiempo se transforman en rocas sedimentarias duras.

TIPOS DE ROCA

Hay centenares de tipos de rocas, pero las agrupamos en tres tipos básicos: ígneas, sedimentarias y metamórficas. Cada tipo de roca puede transformarse en otro mediante los procesos que intervienen en el ciclo litológico o de las rocas.

GRANITO

BASALTO

El basalto es la roca ígnea más común del planeta. Forma la mayor parte del lecho oceánico de la Tierra.

ROCA ÍGNEA

Cuando la lava o el magma fundidos se enfrían y se solidifican, se forman rocas ígneas, como el granito o el basalto. Están formadas por cristales entrelazados y son muy duras. No presentan capas, sino una gran masa.

ARENISCA

La arenisca puede ser desde blanca hasta amarilla o roja.

CALIZA

ROCA SEDIMENTARIA

A lo largo de millones de años, los sedimentos blandos como la arena o el lodo se van consolidando por medio de los minerales disueltos, creando rocas sedimentarias. Pueden ser duras o blandas, pero están formadas por capas que las fuerzas terrestres pueden plegar.

MÁRMOL

ESQUISTO

ROCA METAMÓRFICA

El calor y la presión pueden cambiar la naturaleza de una roca mediante un proceso llamado metamorfismo. Una roca sedimentaria blanda puede transformarse en esquisto duro, que sigue mostrando sus capas originales, mientras que la caliza horneada se convierte en mármol.

FORMACIONES FORMIDABLES

La Tierra se transforma continuamente. Las fuerzas titánicas del interior del planeta levantan montañas y la fuerza implacable del clima hace que poco a poco se desmoronen de nuevo. Este proceso interminable ha creado algunos de los paisajes más espectaculares del mundo.

FUERZAS TITÁNICAS
CORDILLERA DE LOS ANDES

En ningún lugar de la Tierra son tan evidentes como en los Andes las fuerzas titánicas que forman las montañas. Esta larga cadena de picos escarpados, que se extiende a lo largo de toda Sudamérica, se ha formado debido a la presión del lecho del océano Pacífico bajo el borde del continente. Doblado y fragmentado por la presión incesante, vastos bloques de roca continental han sido desplazados hacia arriba, y dicho proceso ha impulsado la erupción de numerosos volcanes.

Formación de montañas

Parte del lecho del océano Pacífico se desplaza hacia el nordeste unos 5 cm al año, haciendo que un bloque de corteza oceánica se desplace bajo Sudamérica. Mientras tanto, el continente se está desplazando hacia el oeste unos 3 cm al año. La presión ha creado fallas gigantescas que actúan como si fueran cuñas deslizadas bajo los Andes centrales, comprimiéndolos hacia arriba.

Los Andes, salpicados de volcanes, son una de las cadenas montañosas más altas y espectaculares del mundo.

El punto donde el lecho oceánico se hunde bajo el continente está marcado por la profunda fosa de Perú-Chile.

La mayor parte de la cordillera de los Andes está siendo empujada hacia arriba por la placa de Nazca, que forma el lecho del océano Pacífico sudoriental.

DE UN VISTAZO

- **LOCALIZACIÓN** Oeste de Sudamérica
- **EXTENSIÓN** 7200 km
- **EDAD** Más de 25 millones de años
- **ORIGEN** Subducción oceánica continental

DATOS Y CIFRAS

Los Andes incluyen las montañas más altas del mundo fuera de Asia y forman la cordillera de montañas más larga de todos los continentes. También contienen los volcanes más altos del mundo.

MONTAÑA MÁS ALTA

El Aconcagua, en Argentina, es la montaña andina más alta. Mide 6961 m.

CIMAS CRECIENTES

Las montañas prácticamente han doblado su altura en los últimos 10 millones de años.

ALTIPLANO

El aire en el Altiplano contiene solo la mitad de oxígeno que el aire a nivel del mar.

VOLCANES

Con 183 volcanes activos, los Andes son una de las cordilleras más volcánicas.

El lecho oceánico que se desliza bajo el continente contiene agua de mar, que ha penetrado en la roca.

El bloque costero del continente está siendo desplazado hacia el este por el bloque móvil de la corteza oceánica.

LA CORDILLERA MÁS LARGA EN TIERRA FIRME

ESPINA DORSAL DE SUDAMÉRICA

Los Andes forman el margen occidental escarpado de Sudamérica. Se extienden de norte a sur a través de siete países: Venezuela, Colombia, Ecuador, Perú, Bolivia, Argentina y Chile. La cadena montañosa tiene una altura media de unos 4000 m sobre el nivel del mar.

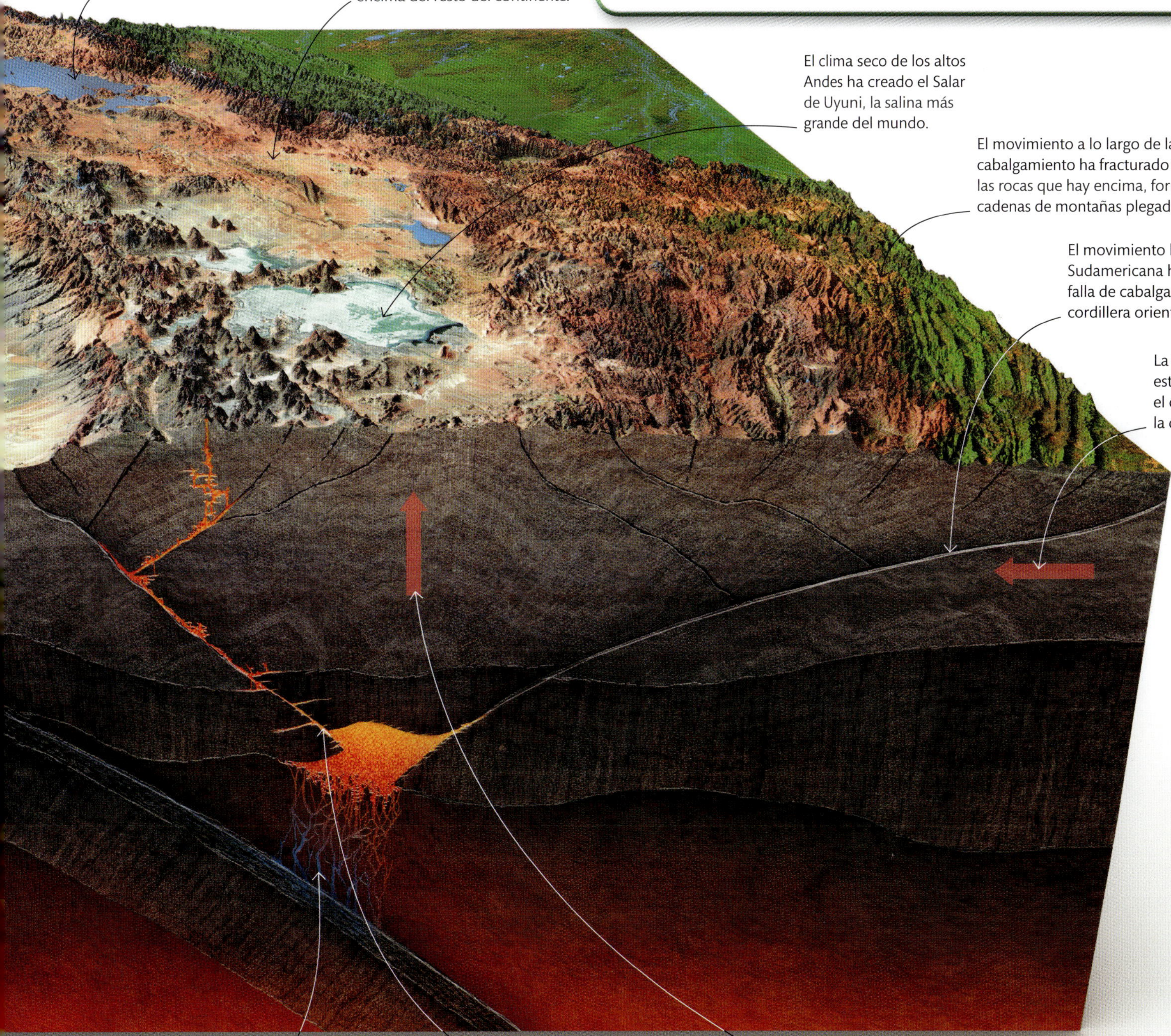

El Titicaca en el extremo norte del Altiplano es el lago navegable más alto del mundo.

El Altiplano, a 3750 m sobre el nivel del mar, se ha levantado por encima del resto del continente.

El clima seco de los altos Andes ha creado el Salar de Uyuni, la salina más grande del mundo.

El movimiento a lo largo de la falla de cabalgamiento ha fracturado y deformado las rocas que hay encima, formando cadenas de montañas plegadas.

El movimiento hacia el este de la placa Sudamericana ha creado una enorme falla de cabalgamiento debajo de la cordillera oriental de los Andes.

La placa Sudamericana está deslizándose hacia el oeste, impulsada por la dorsal Mesoatlántica.

Cuando el bloque descendente es calentado por el manto caliente, el agua hierve y penetra en la roca de arriba.

El agua hace que la roca caliente se funda, formando el magma que sube por las fallas y erupciona a través de los volcanes.

Comprimido entre dos placas móviles, un enorme bloque de corteza continental es desplazado hacia arriba.

PICOS ANDINOS

La parte más espectacular de los Andes es la que se encuentra en el sur de Chile, donde las columnas escarpadas de Torres del Paine se elevan hacia el cielo. Estos picos de granito brotaron originalmente como magma fundido dentro de las montañas plegadas. La roca circundante ha sido erosionada por el hielo de un glaciar dejando el núcleo de granito, mucho más duro y resistente.

ROCA DEFORMADA

Donde la falla de San Andrés
cruza la Llanura de Carrizo
al norte de Los Ángeles, su
avance incesante deforma las
rocas creando un costurón
fruncido. Los lechos de los
dos lados han dejado de
estar alineados.

DATOS Y CIFRAS

La falla de San Andrés
es una de las fallas
transformantes más
largas de tierra firme.
Se divide en tres
partes principales.

TERREMOTO

El catastrófico
terremoto de San
Francisco de
1906 tuvo una
magnitud de 8,3.

IDENTIFICACIÓN

El geólogo
Andrew Lawson
fue el primero
en identificar la
falla en 1895.

PLACAS MÓVILES

Las placas se desplazan
lentamente, unos 5 cm
al año.

cm   3   5   7

CREACIÓN

HACE
20
MILLONES
DE AÑOS

COSTURA DE ROCA
FALLA DE SAN ANDRÉS

La corteza de la Tierra está llena de fracturas llamadas fallas. Muchas de ellas son elementos locales pequeños, pero la falla de San Andrés, en California, EE UU, es un enorme costurón en la corteza del planeta que señala el límite entre dos de las placas tectónicas más grandes de la Tierra. La placa Pacífica al oeste se está deslizando hacia el norte más allá de la placa Norteamericana, arrastrando consigo la costa de California. En algunos lugares, pequeños movimientos frecuentes provocan temblores leves, pero otras secciones de la falla quedan trabados, lo que hace que aumente la tensión. Al final, la roca cede y el choque causa un gran terremoto, como el que devastó la ciudad de San Francisco en 1906.

DE UN VISTAZO

- **LOCALIZACIÓN** California, EE UU
- **EXTENSIÓN** Más de 1300 km de largo y más de 16 km de profundidad
- **TIPO DE FORMACIÓN** Falla transformante en la que dos placas tectónicas se deslizan una junto a la otra
- **RIESGO SÍSMICO** Elevado

MONTAÑA SAGRADA
ULURU

Situado en el centro de Australia, Uluru destaca como una isla sobre una vasta extensión de arena del desierto. Constituye el monumento natural más famoso del continente. Es el extremo expuesto de un bloque estratificado de arenisca, que acabó en posición vertical debido a las fuerzas titánicas que forman las montañas. La mayor parte de su inmenso volumen se encuentra bajo tierra. La roca es muy dura, pero se ha ido erosionando y redondeando a causa de las tormentas del desierto.

DE UN VISTAZO

● **LOCALIZACIÓN** Australia Central

● **ALTURA** 348 m sobre el nivel del suelo circundante

● **FORMACIÓN** Inselberg (monte isla) erosionado por las inundaciones repentinas

● **EDAD** La arenisca de Uluru tiene más de 530 millones de años

DATOS Y CIFRAS

Uluru, que también se conoce como Ayers Rock, es considerado un lugar sagrado por la población indígena local. Algunas de las cuevas de la piedra arenisca contienen pinturas rupestres.

PRESENCIA HUMANA

Los hallazgos indican que los humanos se establecieron allí hace 10 000 años.

GROSOR

El monolito expuesto de arenisca tiene un grosor mínimo de 2400 m.

TEMPERATURA

En verano se han registrado temperaturas diurnas de 46 °C.

°C   15   30   45   60

CIRCUNFERENCIA

9,4
KM

El monolito de arenisca **se levantó** probablemente hace unos **300 millones** de años.

ROCA ROJA

Los compuestos de hierro de la arenisca se convierten en óxido de hierro en la superficie, lo que da al Uluru un resplandor rojizo al amanecer y al atardecer. En otros momentos, puede verse rosado o violeta.

EL TECHO DEL MUNDO

MONTE EVEREST

Hace unos sesenta millones de años, la India era una isla-continente que era arrastrada hacia el norte por el movimiento de las placas de la corteza terrestre. Pasados unos 10 millones de años, chocó con Asia, lo que hizo emerger una inmensa cordillera, el Himalaya, y la vecina meseta tibetana. La región se conoce como el Techo del Mundo, ya que aquí están las montañas más altas de la Tierra; y la más alta de todas es el monte Everest. Su cima es tan alta que el aire contiene muy poco oxígeno, y los montañeros que intentan escalarlo se ven obligados a llevarlo en bombonas.

DE UN VISTAZO

- **UBICACIÓN** Frontera de Nepal y la Región Autónoma del Tíbet (China)
- **CORDILLERA** Himalaya
- **ALTURA DE LA CUMBRE** 8848 m sobre el nivel del mar
- **EDAD** Menos de 50 millones de años

DATOS Y CIFRAS

El subcontinente indio continúa avanzando hacia el norte y empuja hacia arriba el Himalaya, que sube a un ritmo de unos 5 mm al año.

LA MÁS ALTA

El Everest es una de las 14 cumbres que superan los 8000 m de altura.

RÁFAGA GÉLIDA

Se han registrado vientos de hasta 280 km/h en la cumbre.

TEMPERATURA

La temperatura en la cumbre puede caer hasta los -62 °C.

°C	-62	-31	0

PRIMERA ASCENSIÓN

1953

CUMBRE DE CALIZA

La cima del Everest está formada por piedra caliza que se formó en un fondo oceánico hace unos 450 millones de años. Emergió impulsada por la colisión de la India con Asia, y por eso contiene fósiles de animales marinos extintos.

Todas las montañas más altas de la Tierra están en el Himalaya y en la vecina cordillera del Karakórum.

LAS DUNAS MÁS ANTIGUAS

GIGANTES ROJOS

En Sossusvlei, en la parte sur del desierto de Namib, hay un lago seco de arcilla blanca rodeado de dunas de arena roja gigantes que se encuentran entre las más altas del mundo. El viento las remodela continuamente en todas direcciones, por lo que se conocen como dunas en estrella.

MONTAÑAS DE ARENA
DUNAS DEL NAMIB

El viento arrastra la seca arena del desierto con una gran facilidad, la hace rebotar y la amontona formando dunas de arena. En el desierto de Namib, en África, los vientos procedentes del Atlántico han formado las dunas más altas y antiguas de la Tierra. Como todas las dunas de arena, son moldeadas por el viento que arrastra la arena hasta su cara de barlovento, hace que pase por encima de la cima y baje por el lado de sotavento. Algunas dunas se desplazan lentamente hacia sotavento, mientras que otras se quedan fijas en un mismo lugar.

DE UN VISTAZO

- **LOCALIZACIÓN** Namibia, sudoeste de África
- **ACCIDENTE GEOGRÁFICO** Dunas de arena del desierto
- **FORMACIÓN** Formadas a partir de arena del desierto arrastrada por el viento
- **EDAD** Las dunas del desierto existen desde hace al menos 2 millones de años

DATOS Y CIFRAS

Algunas de las dunas de arena más grandes del mundo están en la región de Sossusvlei del desierto de Namib.

DESIERTO DE NAMIB

El desierto existe desde hace unos 55 millones de años, lo que lo convierte en el más antiguo.

DE RÉCORD

Con sus 388 m, la Duna 7 de Walvis Bay es la duna de arena más alta del desierto de Namib.

TEMPERATURA

En verano la temperatura diurna puede llegar a los 45 °C y de noche, descender casi hasta el punto de congelación.

°C	10	20	30	40	50

ESPECTACULARES HEXÁGONOS
CALZADA DEL GIGANTE

Hace sesenta millones de años, las poderosas fuerzas que separaban Norteamérica de Europa abrieron un rift en la corteza terrestre en los márgenes occidentales de lo que hoy es Gran Bretaña. Del rift salieron flujos de basalto fundido, la roca que forma los lechos oceánicos. Al enfriarse y solidificarse, el basalto empezó a encogerse y se dividió en miles de columnas geométricas regulares. Desgastadas por el embate de las olas del Atlántico, actualmente forman una escalinata que se adentra en el mar.

DE UN VISTAZO

- **LOCALIZACIÓN** Costa nordeste de Irlanda del Norte
- **EXTENSIÓN** Alrededor de 1 km
- **FORMACIÓN** Enfriamiento de flujos de lava basáltica de una erupción volcánica
- **EDAD** Unos 60 millones de años

DATOS Y CIFRAS

La Calzada del Gigante es una formación compuesta por unas 40 000 columnas. Se formaron a partir de flujos de lava apilados unos encima de otros.

FORMA DE LAS COLUMNAS

La mayoría de las columnas tienen seis lados. Las hay de cuatro, cinco, siete u ocho.

FORMACIONES

Algunas tienen nombre propio, como Pasos del Pastor o Silla de los Deseos.

LAVA

El flujo de lava solidificado mide hasta 28 m de grosor.

m	10	20	30	40

ALTURA DE LAS COLUMNAS

HASTA **12** M

LA OCTAVA MARAVILLA DEL MUNDO

PASOS GIGANTES

Esta extraordinaria formación geológica empieza a los pies de un acantilado y desaparece bajo las olas. Según una leyenda irlandesa, el gigante Finn MacCool construyó la calzada para cruzar el mar de Irlanda y llegar a Escocia, y así poder enfrentarse a otro gigante rival.

CAPAS MULTICOLORES
GRAN CAÑÓN DEL COLORADO

El Gran Cañón del Colorado de EE UU, uno de los cañones fluviales más profundos del mundo, fue creado por las enormes fuerzas que forman las montañas. Durante millones de años, estas empujaron las rocas de la meseta del Colorado, obligando al río Colorado a acortar por ellas. El resultado es un cañón espectacular, que muestra unas impresionantes capas de roca.

Maravilla de la naturaleza

El cañón principal tiene una serie de cañones secundarios tallados por arroyos más pequeños, lo que forma un conjunto complejo. El abrasador calor estival y las heladas invernales hacen que las paredes rocosas se desconchen y se desmoronen, así que poco a poco el cañón se va ensanchando.

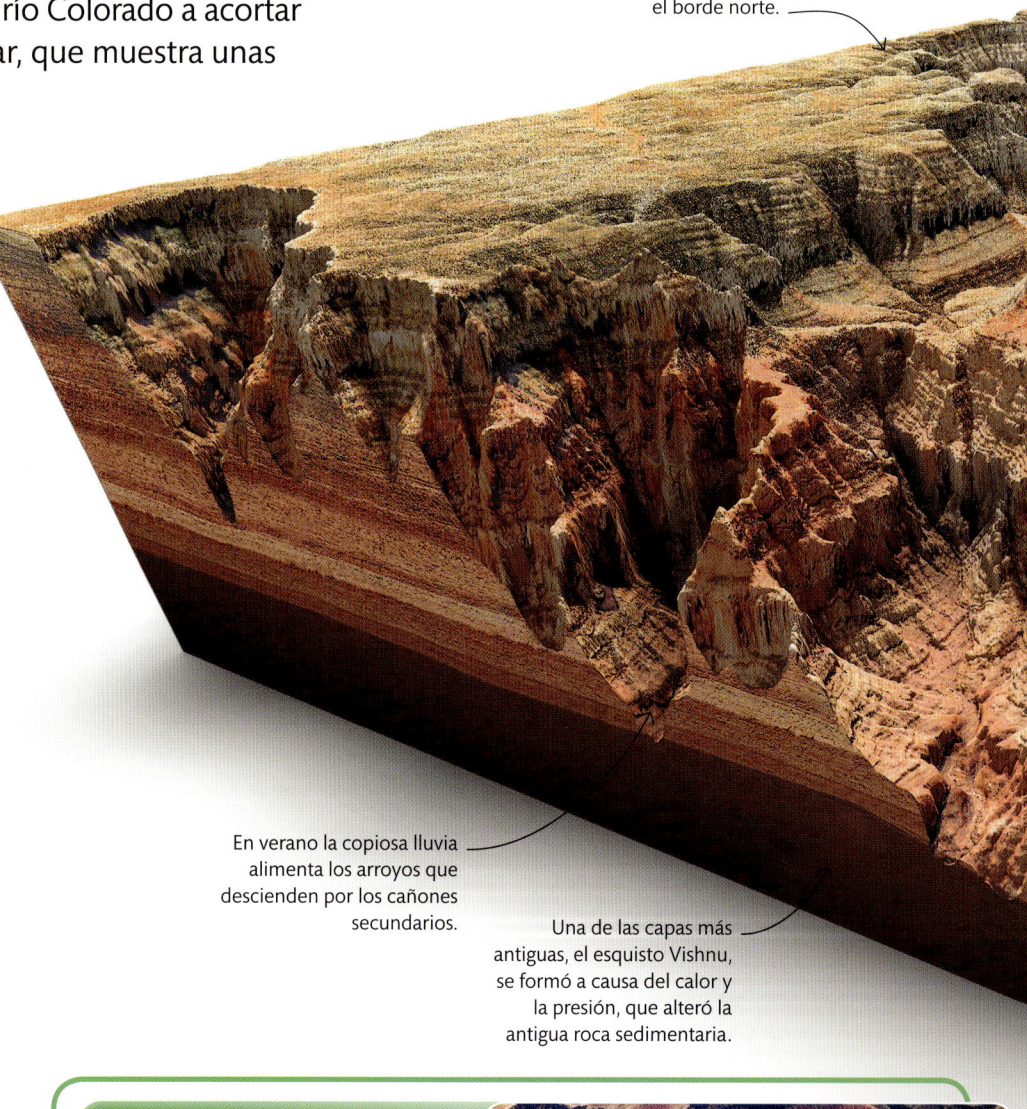

El borde sur del cañón es 300 m más bajo que el borde norte.

En verano la copiosa lluvia alimenta los arroyos que descienden por los cañones secundarios.

Una de las capas más antiguas, el esquisto Vishnu, se formó a causa del calor y la presión, que alteró la antigua roca sedimentaria.

EL GRAN CAÑÓN DE UN VISTAZO

Las capas de arena, lodo y otros sedimentos de un océano ya desaparecido se han transformado en capas de roca sedimentaria sólida. Las más antiguas se encuentran en la parte inferior, sobre una capa de roca antigua que se inclinó, formó fallas y se aplanó por el desgaste antes de que se depositaran las capas horizontales.

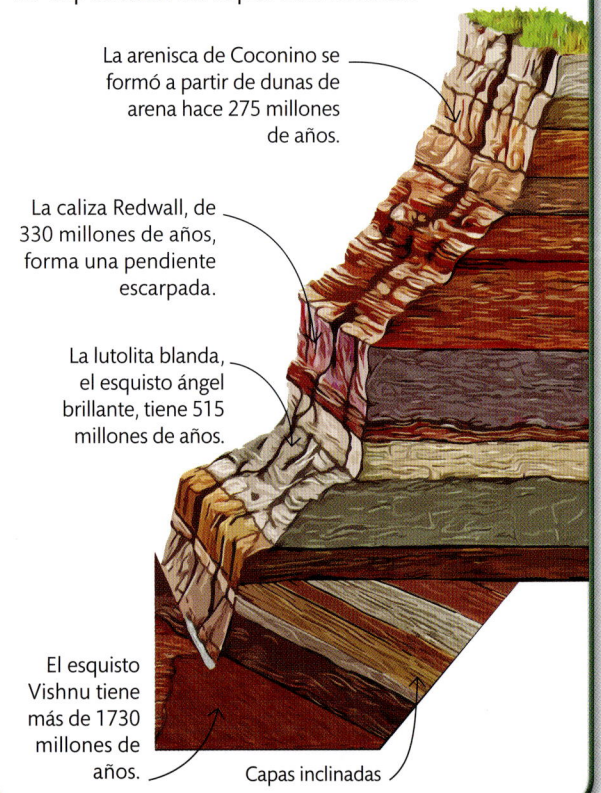

La arenisca de Coconino se formó a partir de dunas de arena hace 275 millones de años.

La caliza Redwall, de 330 millones de años, forma una pendiente escarpada.

La lutolita blanda, el esquisto ángel brillante, tiene 515 millones de años.

El esquisto Vishnu tiene más de 1730 millones de años.

Capas inclinadas

DE UN VISTAZO

LOCALIZACIÓN Arizona, EE UU

LONGITUD 446 km

PROFUNDIDAD MEDIA 1,6 km

EDAD Alrededor de 20 millones de años

DATOS Y CIFRAS

Las capas expuestas de roca que forman las elevadas paredes del Gran Cañón proporcionan a los científicos uno de los registros más completos sobre la formación de las rocas.

TEMPERATURA

En el borde sur, la temperatura oscila entre los -29 °C y los 41 °C.

EROSIÓN FLUVIAL

El río tarda 10 años en ensanchar el cañón un solo milímetro.

CAPAS DE ROCA

Tiene unas 22 capas de roca principales, pero llegan a ser hasta 40.

ANCHURA DEL CAÑÓN

La parte más ancha del cañón mide unos 29 km; la parte más estrecha, unos 6 km.

OCULTOS EN LAS CAPAS

Los fósiles de criaturas marinas extintas hallados en las rocas muestran que la mayoría de las capas se establecieron en el lecho marino. Este trilobite fue hallado en la capa Esquisto Ángel Brillante.

La capa de roca más reciente es la caliza Kaibab, que forma el borde del cañón.

El borde norte, más frío, está más erosionado que el borde sur.

La roca fundida que erupcionó hace 1700 millones de años se enfrió y formó el granito Zoroaster.

Una fractura en la roca, una falla, ha hecho que las capas de roca dejaran de estar alineadas.

Las capas de roca más profundas están escoradas, ya que la colisión de dos placas de la corteza terrestre hizo que se inclinaran.

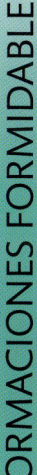

FORMACIONES FORMIDABLES

51

CURVA DE LA HERRADURA

El Gran Cañón ha sido tallado en las rocas de Arizona por el río Colorado en su camino hacia el golfo de California, en Estados Unidos. Cerca del inicio del cañón, el río ha tallado un meandro en forma de herradura en el paisaje desértico. Actualmente, el río pasa a unos 300 m del borde del cañón.

MAR DE SAL
SALAR DE UYUNI

Con una superficie que es más de 7 veces la de Ciudad de México, el Salar de Uyuni es una enorme extensión de reluciente sal cristalina. Se creó por la evaporación de un antiguo lago salado en el clima seco de los Andes bolivianos. Cuando el agua se transformó en vapor, quedó la sal, además de otros minerales y elementos como el litio, un raro metal. El resultado es la salina más grande de la Tierra. Está salpicada por algunas islas rocosas, las cumbres de antiguos volcanes tiempo atrás sumergidos en el lago y que ahora sobresalen sobre un mar de sal.

DE UN VISTAZO

- **LOCALIZACIÓN** Bolivia, Sudamérica
- **ALTITUD** 3656 m sobre el nivel del mar
- **TAMAÑO** 10 582 km²
- **FORMACIÓN** Formado por cristales de sal resultado de la evaporación de un lago salado

BRILLO ENGAÑOSO
Cada año, la lluvia hace que los lagos cercanos se desborden e inunden la salina con una fina capa de agua, lo que produce un reflejo tan perfecto que la salina parece parte del cielo.

ESTE ES EL LUGAR
MÁS PLANO

DATOS Y CIFRAS

El salar está en una meseta de los Andes y está rodeado de montañas. La propia salina tiene hasta 10 m de grosor.

LAGO SALADO

Las aguas de inundación son unas 8 veces más saladas que el agua de mar.

EXTRACCIÓN DE SAL

Del Salar de Uyuni se extraen cada año unas 25 000 t de sal.

FUENTE DE LITIO

Contiene el 50 % del litio del mundo, metal que se usa en las baterías.

LADRILLOS DE SAL

Se construyen hoteles de sal; cuando llueve hay que rehacerlos.

CONTIENE

UNOS
10 000
MILLONES DE
TONELADAS
DE SAL

PAISAJE DE CUENTO

Esculpidas por el viento y el agua, estas extraordinarias agujas rocosas se elevan sobre el paisaje semiárido. La roca es tan blanda que muchas de las torres fueron vaciadas por la gente para fabricar casas.

DE ENSUEÑO
CHIMENEAS DE HADAS

En el corazón de Turquía hay un paisaje sorprendente que parece propio de un cuento de hadas. El terreno está salpicado de grupos de hoodoos, unas columnas de roca blanda en forma de aguja rematadas con un casquete cónico de una roca más dura que protege las agujas de los elementos. Se conocen como chimeneas de hadas y están hechas de ceniza volcánica compacta rematada por lava solidificada. Antaño dichas rocas formaban capas continuas, pero el agua de la lluvia que se filtraba por las grietas de la lava dura las fue erosionando, dejando pináculos rocosos aislados. Pueden sobrevivir miles de años, pero con el tiempo el casquete se cae y la roca más blanda se deteriora.

DE UN VISTAZO

- **LOCALIZACIÓN** Parque nacional de Göreme, Capadocia, Turquía
- **ÁREA** 300 km²
- **EDAD** Las rocas volcánicas erupcionaron hace unos 3 millones de años
- **ESTATUS** Patrimonio de la Humanidad

DATOS Y CIFRAS

Durante un período de al menos 2000 años, se esculpieron casas, iglesias, monasterios e incluso ciudades subterráneas en las rocas volcánicas de Capadocia.

CAPADOCIA

Capadocia procede de un vocablo persa que significa «tierra de bellos caballos».

ALTURA

Algunas de las chimeneas de Capadocia miden 40 m de alto.

TIERRAS ANCESTRALES

El ser humano se estableció en la región con anterioridad al Imperio romano.

CIUDAD SUBTERRÁNEA

En Derinkuyu, la mayor ciudad subterránea de Turquía, vivían 20 000 personas.

VALLE DE LA LUNA

Notablemente resaltado por la luz del amanecer, el cono escarpado de un volcán andino humeante se eleva sobre el valle de la Luna, en el desierto de Atacama. En primer plano, cristales de sal blancos, los restos de un antiguo lago que se secó hace mucho a causa del árido clima desértico.

PAISAJE MORTAL

DESIERTO DE ATACAMA

Hay pocos lugares tan secos como el desierto de Atacama, en Chile. Algunas partes de esta tierra rocosa y árida no han visto la lluvia desde hace como mínimo 50 años. Eso hace que este desierto sea el entorno más hostil para vivir fuera del centro de la Antártida. Los únicos que sobreviven en las partes más secas son las bacterias latentes, el mismo tipo de organismos que podrían existir en Marte. El desierto se parece tanto a la superficie de Marte que se ha usado para probar los róveres destinados a explorar el planeta rojo.

DE UN VISTAZO

- **LOCALIZACIÓN** Norte de Chile
- **ÁREA** Como mínimo 105 000 km²
- **TIPO DE DESIERTO** Rocoso y salado
- **PRECIPITACIÓN MEDIA** Menos de 15 mm al año

DATOS Y CIFRAS

960 KM A LO LARGO DE LA COSTA DE CHILE

EXTENSIÓN

El desierto se formó en una región aislada del aire oceánico húmedo por las montañas.

CIELOS DESPEJADOS

El cielo de Atacama está completamente despejado más de 300 días al año.

PRECIPITACIONES

No ha habido precipitaciones significativas al menos durante 3 millones de años.

TEMPERATURA

La temperatura diurna puede alcanzar los 40 °C; por la noche puede descender a 5 °C.

°C	10	20	30	40

ANCHURA MEDIA

MENOS DE **160** KM

DESIERTO CÁLIDO MÁS SECO

SETA ROCOSA

Tiempo atrás esta roca estaba medio sepultada en el desierto, y la arena arrastrada por el viento fue desgastando la parte que quedaba justo al nivel del suelo. Actualmente, la arena está reduciendo su ancha base expuesta.

ESCULPIDA POR EL VIENTO
DESIERTO BLANCO

En la depresión de Farafra, en el norte de África, el paisaje está salpicado de esculturas rocosas de aspecto sobrenatural. En su origen se formaron en un clima húmedo hace más de 12 000 años, cuando la lluvia ácida disolvió la caliza circundante. Cuando la región se transformó en desierto, la arena seca arrastrada por el viento atacó la roca. Dado que los granos de arena pesan demasiado como para elevarse mucho, atacaron solo la parte inferior de las rocas. Por eso muchas parecen setas que han brotado de repente en el árido terreno.

DE UN VISTAZO

- **LOCALIZACIÓN** Desierto Occidental, Egipto, Norte de África
- **ÁREA** 300 km^2
- **RELIEVE** Karst de caliza
- **FORMACIÓN** Erosión por agua en el pasado, seguida de erosión por viento

DATOS Y CIFRAS

Las rocas que la arena arrastrada por el viento ha erosionado, como estas del Desierto Blanco, se llaman ventifactos. Casi siempre se encuentran en terrenos desérticos.

LECHO DESÉRTICO

Los fósiles marinos muestran que la roca caliza se formó en un lecho oceánico.

EROSIÓN POR VIENTO

La erosión del viento actúa desde que la región se convirtió en desierto hace unos 7000 años.

TEMPERATURA

Las temperaturas estivales pueden alcanzar los 47 °C.

°C | 10 | 20 | 30 | 40 | 50

EL MAYOR
BOSQUE DE PIEDRA
DEL MUNDO

REFUGIO ROCOSO

Los altos árboles que crecen
entre los pináculos y las
espectaculares rocas son un
refugio para muchos animales,
entre ellos los lémures que
saltan de roca en roca
esquivando los bordes afilados.

PINÁCULOS DE CALIZA
BOSQUE DE CUCHILLOS

En Madagascar occidental, una inmensa placa de caliza se ha transformado en miles de pináculos verticales en forma de cuchillo debido a la erosión de la lluvia tropical. La lluvia ácida se ha filtrado por las grietas y ha disuelto la roca, creando un singular bosque de piedras. Está formado por pináculos de caliza separados por profundos cañones y por una red de cuevas ocultas. Los pináculos tienen peligrosos bordes afilados. Localmente este terreno se conoce como Tsingy, o «donde no se puede andar descalzo».

DE UN VISTAZO

- **LOCALIZACIÓN** Parque nacional Tsingy de Bemaraha, Madagascar
- **ÁREA** 660 km²
- **CLIMA** Tropical
- **ESTATUS** Protegido como Patrimonio de la Humanidad debido a su paisaje, su fauna y su flora únicos

DATOS Y CIFRAS

HACE
200
MILLONES
DE AÑOS

FORMACIÓN

El Tsingy de Bemaraha es uno de los dos bosques de piedra de Madagascar.

PINÁCULOS

HASTA
70
M

CUEVAS
La red de cuevas bajo el bosque de piedras sigue en gran parte inexplorado.

LÉMURES
Once especies de lémur endémicas de Madagascar viven en el bosque de piedras.

SENDERISMO
Las rocas son tan afiladas que pueden perforar las suelas de las botas de montaña.

REPTILES
Más de 30 especies de reptiles viven entre los pináculos.

LAGO DEL VALLE DEL RIFT

El lago Turkana se formó en una cavidad del valle del Rift. Al expandirse las placas de la corteza terrestre, la tensión hace que aparezcan grietas en la roca. Eso permite que la roca fundida hierva y erupcione como un volcán, formando flujos lávicos de basalto negro. El agua del lago se tiñe de verde por la gran cantidad de algas microscópicas que prosperan en el calor tropical.

MUNDO PERDIDO
MONTE RORAIMA

Rodeado de escarpados precipicios que se elevan sobre los húmedos bosques tropicales, el monte Roraima es el tepui o mesa más alto de Sudamérica. Su cima es un enorme bloque de arenisca que formó parte de una meseta que unía el monte Roraima con otros tepuis de la región. Actualmente se yergue aislado. Su cima plana es prácticamente inaccesible tanto para la fauna como para el ser humano. Aun así, es el hogar de varias especies de animales y plantas que no se encuentran en ningún otro sitio. Su aislamiento inspiró la novela de Arthur Conan Doyle *El mundo perdido* (1912), en que unos exploradores descubren unos dinosaurios que habían sobrevivido en lo alto de una montaña muy parecida.

DE UN VISTAZO

- **LOCALIZACIÓN** En la frontera entre Venezuela, Brasil y Guayana
- **ALTURA** 2810 m sobre el nivel del mar
- **ÁREA** 31 km²
- **CLIMA** Bosque tropical nuboso

DATOS Y CIFRAS

1884
PRIMERA ASCENSIÓN

Los tepuis de esta región están entre las formaciones rocosas más antiguas.

FORMACIÓN
HACE **2000** MILLONES DE AÑOS

PRECIPITACIÓN
En la cima del monte Roraima llueve casi todos los días.

SAPOS DE RORAIMA
El diminuto sapo piedra de Roraima no salta mucho, y se enrolla en una bola.

ALTURA DEL PRECIPICIO
La pared del precipicio del monte Roraima mide más de 400 m de alto.

FRONTERA TRIPLE
El 85 % de Roraima está en Venezuela, el 10 % en Guayana y el 5 % en Brasil.

El vocablo **«tepui»** significa **«morada de los dioses»** en la lengua local pemón.

MONTAÑA BRUMOSA

El monte Roraima suele estar rodeado de densas nubes, lo que aumenta la sensación de aislamiento. Las rocas de la cumbre están muy erosionadas a causa de la lluvia, que cae por la montaña en forma de espectaculares cataratas.

DRENAJE PLUVIAL
CAÑÓN DEL ANTÍLOPE

Los desiertos se deben a la sequía: llueve tan poco que la mayoría de las plantas no pueden crecer. Pero incluso en los desiertos cae alguna tormenta de vez en cuando. Como hay tan pocas plantas que puedan absorber el agua, esta se acumula sobre el suelo desnudo en forma de inundaciones repentinas. Cargados de arena y rocas, estos torrentes excavan profundos canales en el terreno. El cañón del Antílope, en el sudoeste de Norteamérica, es uno de los cañones de ranura más espectaculares. Es un estrecho cañón que el agua de las inundaciones ha esculpido con formas sinuosas. La mayor parte del año, no obstante, el cañón está completamente seco, sin el menor rastro de las fuerzas que lo crearon.

DE UN VISTAZO

- **LOCALIZACIÓN** Norte de Arizona, EE UU
- **TIPO** Cañón de ranura
- **FORMACIÓN** Erosionado por inundaciones repentinas
- **EDAD** La arenisca del cañón tiene más de 180 millones de años

DATOS Y CIFRAS

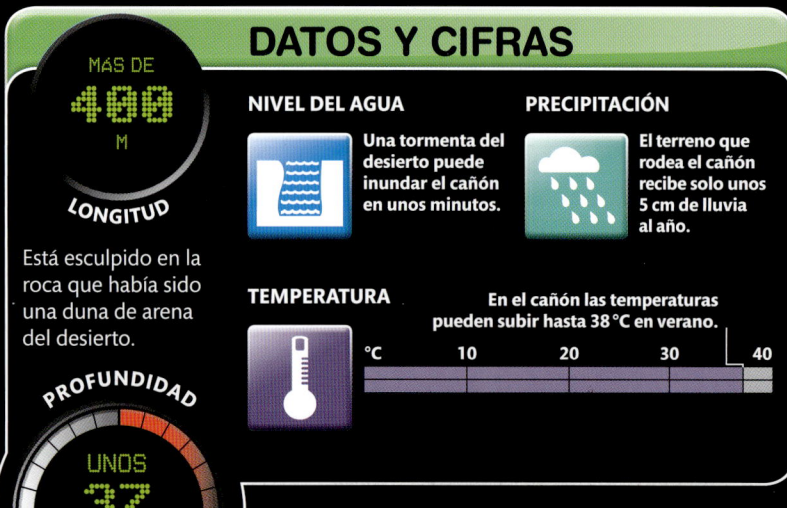

MÁS DE
400
M
LONGITUD

Está esculpido en la roca que había sido una duna de arena del desierto.

PROFUNDIDAD
UNOS
37
M

NIVEL DEL AGUA
Una tormenta del desierto puede inundar el cañón en unos minutos.

PRECIPITACIÓN
El terreno que rodea el cañón recibe solo unos 5 cm de lluvia al año.

TEMPERATURA
En el cañón las temperaturas pueden subir hasta 38 °C en verano.

°C	10	20	30	40

ESCULPIDO POR EL AGUA

Los rayos de luz del sol que se filtran en el estrecho cañón hacen resplandecer la arenisca estratificada por colores. Las corrientes de agua cargadas de arena han erosionado la roca durante miles de años.

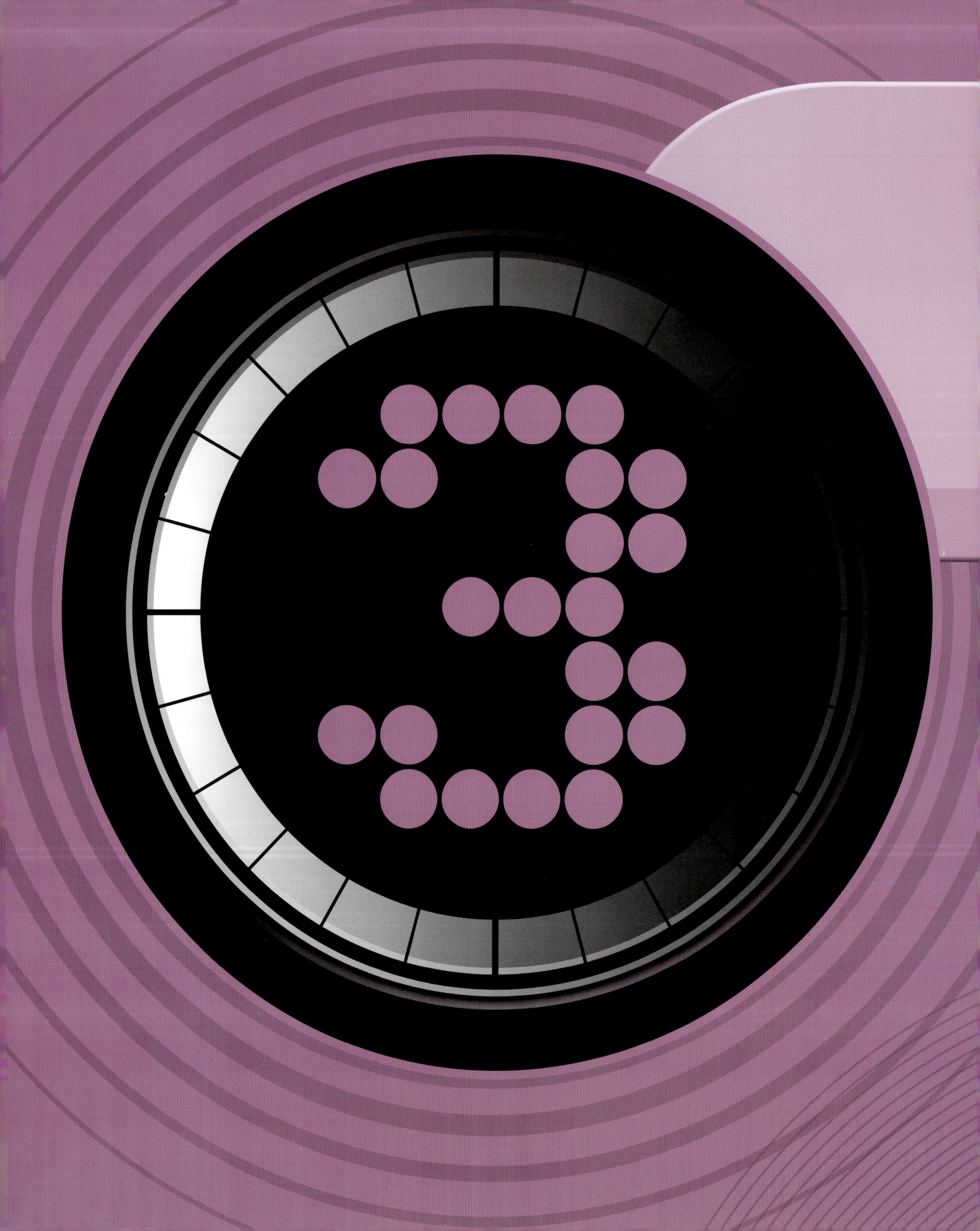

FUEGO Y VAPOR

Los volcanes, tanto si lanzan roca fundida en espectaculares chorros de fuego como si explotan con fuerza catastrófica, son la prueba más evidente de la naturaleza indomable de la Tierra. Las fuerzas que crean los volcanes también alimentan las fuentes termales y los géiseres que entran en ebullición en las zonas volcánicas.

RÍOS DE FUEGO
KILAUEA

VOLCÁN MÁS ACTIVO DEL MUNDO

La gran isla de Hawái es una mole formada por volcanes enormes que han erupcionado desde el lecho del océano Pacífico, situado a 5500 m de la superficie. El Kilauea es el volcán más joven y activo, una olla a presión de lava basáltica que periódicamente se desborda y sale del volcán formando ríos de fuego líquido, que van a parar a la costa. La lava suele solidificarse en la superficie, pero sigue fluyendo bajo la roca sólida, formando riachuelos de basalto fundido que desembocan en el mar entre nubes de vapor. La lava líquida fluye tan rápido y tan lejos que ha formado un ancho volcán en escudo de suave pendiente, en vez de un cono escarpado.

DE UN VISTAZO

- **LOCALIZACIÓN** Hawái, EE UU
- **TIPO DE VOLCÁN** Volcán en escudo oceánico
- **ÁREA** 1500 km²
- **ALTURA** 1247 m sobre el nivel del mar

DATOS Y CIFRAS

Cinco volcanes se han unido para conformar la gran isla de Hawái: el Hualalai, el Kilauea, el Kohala, el Mauna Kea y el Mauna Loa. Forman el complejo volcánico más elevado de la Tierra.

LAVA EXPUESTA

LA MÁS ANTIGUA TIENE 2000 AÑOS

SUPERFICIE

Hasta el 70 % de la superficie la forman coladas lávicas de menos de 600 años.

ACTIVIDAD VOLCÁNICA

La erupción se inició en enero de 1983 y sigue aún fluyendo hacia el mar.

EDAD DEL VOLCÁN

El Kilauea tiene 600 000 años, pero emergió sobre el nivel del mar hace unos 100 000 años.

ALTURA TOTAL

La altura total del Kilauea desde el lecho del océano Pacífico es de más de 6750 m.

FUENTE DE FUEGO

Una fuente candente de basalto fundido sale disparada por el respiradero más activo. Este respiradero forma parte de una larga fisura que hay en el lado oriental del volcán, que ha estado erupcionando de forma continuada desde 1983.

FLUJO DE LAVA

La lava basáltica del Kilauea, compuesta de sustratos fundidos del lecho marino, es más líquida que la lava viscosa de los volcanes típicos. Fluye a gran velocidad por la isla y al enfriarse se transforma en roca sólida. Primero se enfría la superficie de la lava, que forma una capa arrugada de basalto negro, mientras la lava líquida y caliente de debajo sigue fluyendo.

PUNTO CALIENTE
ARCHIPIÉLAGO DE HAWÁI

Los volcanes activos de Hawái forman parte de una cadena de islas y montes submarinos que se extiende por el océano Pacífico hasta Rusia. Todos los volcanes han erupcionado sobre el mismo punto caliente. El movimiento de las placas desplaza las islas hacia el noroeste, lejos del punto caliente, así que los volcanes dejan de erupcionar y poco a poco se hunden bajo las olas.

Reguero de volcanes

Las islas hawaianas han sido creadas por una columna de calor que asciende por el manto de la Tierra. Dicho calor hace que la roca del lecho oceánico se funda y forme volcanes gigantescos. A medida que el lecho oceánico se desplaza hacia el noroeste, los volcanes se van extinguiendo y otros empiezan a erupcionar sobre el punto caliente fijo.

La isla se ha hundido bajo el nivel del mar, formando un monte submarino de cima plana llamado guyot.

Kauai es la más antigua de las islas principales. Su volcán erupcionó por última vez hace 500 000 años.

Los erosionados volcanes de Oahu hace 10 000 años que están extintos.

Las corrientes de calor del manto superior desplazan muy lentamente la placa Pacífica por el globo.

El manto de la Tierra se compone de rocas pesadas y calientes. Es sólido, pero fluye muy lentamente.

DE UN VISTAZO

- **LOCALIZACIÓN** Océano Pacífico Central
- **TIPO DE VOLCÁN** Volcán en escudo oceánico
- **LONGITUD** El archipiélago hawaiano mide 2400 km de largo
- **ALTURA** La cima del volcán más alto, el Mauna Kea, está 4207 m sobre el nivel del mar

DATOS Y CIFRAS

El archipiélago de Hawái está formado por 132 islas volcánicas y atolones. Se extiende hacia al noroeste con la cadena de montes submarinos Hawái-Emperador, formada por más de 80 volcanes extintos sumergidos.

PLACA MÓVIL

La placa Pacífica se desplaza al noroeste unos 10 cm al año.

MONTAÑA MÁS ALTA

Si se mide desde su base en el lecho oceánico hasta su cima, el Mauna Kea es la montaña más alta de la Tierra.

CADENA DE ISLAS

Juntos, el archipiélago de Hawái y la cadena de montes submarinos Hawái-Emperador se extienden unos 5800 km.

MONTES SUBMARINOS

El monte submarino más joven, el Loihi, empezó a formarse hace unos 400 000 años; el Meiji, el más antiguo, tiene 85 millones de años.

ISLAS QUE SE HUNDEN

Cuando una isla volcánica se aleja del punto caliente y deja de erupcionar, la roca de debajo se enfría y se encoge, lo que hace que la isla empiece a hundirse. Los arrecifes de coral que se han formado a su alrededor también se hunden, pero tan lentamente que el coral puede crecer hacia arriba al mismo ritmo. Con el tiempo, desaparece el volcán original, dejando solo un anillo de coral llamado atolón.

①

Isla volcánica

Un volcán sobre un punto caliente forma un cono de roca volcánica. Dicho cono se erige sobre el lecho, que es empujado hacia arriba por la roca caliente del manto.

②

La isla se hunde

La corteza terrestre se hunde al enfriarse bajo un volcán extinto, pero el coral circundante sigue creciendo. Mientras tanto, el cono se erosiona a causa del clima.

③

Se forma un atolón

Toda la roca volcánica por encima del nivel del mar desaparece, pero el arrecife de coral forma un anillo de islas arenosas alrededor de una laguna central: un atolón.

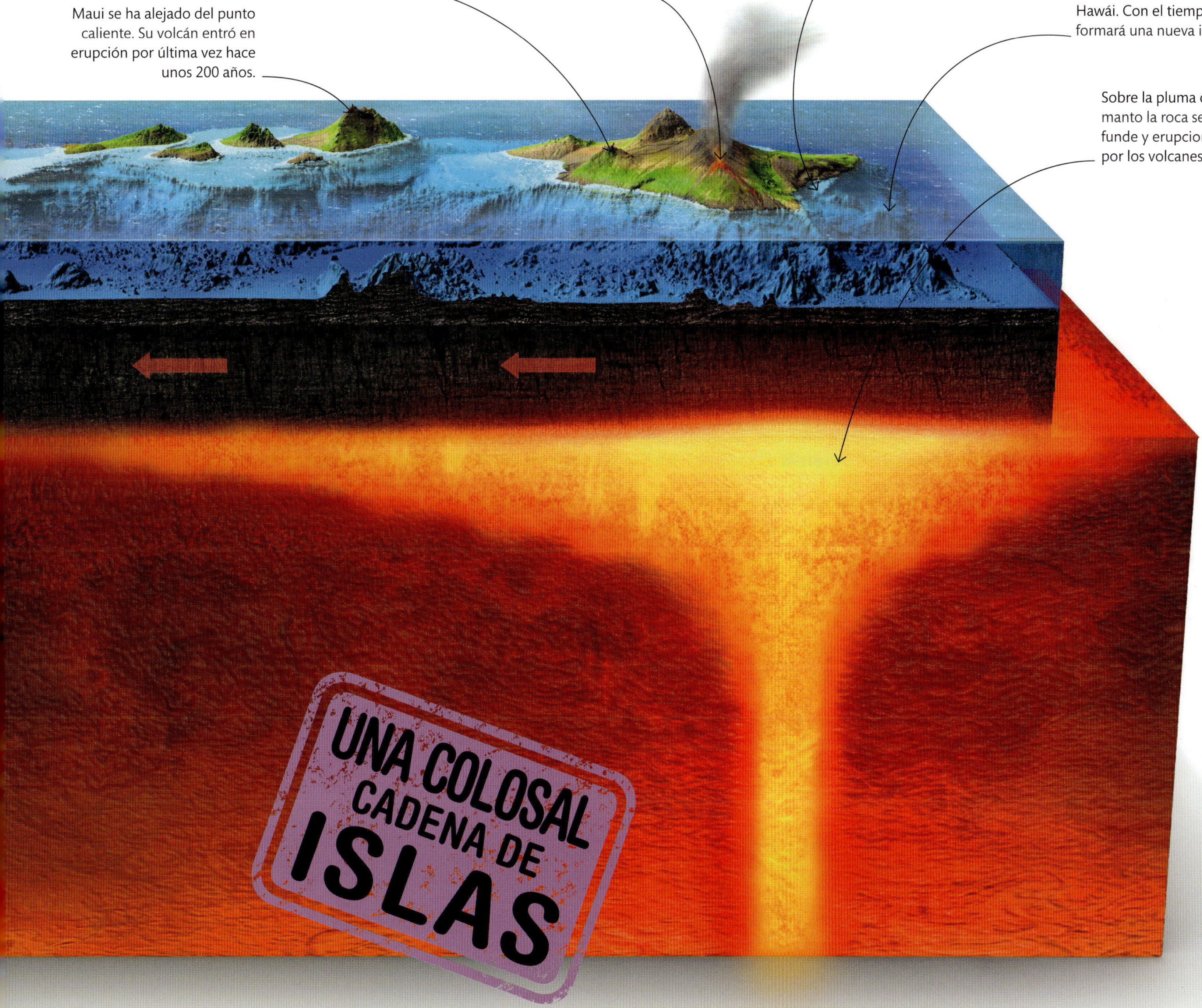

La Gran Isla de Hawái está situada sobre el punto caliente, que alimenta las erupciones de sus dos volcanes meridionales.

El volcán Kilauea, en la parte sur de la isla, es el más activo del mundo.

Los enormes volcanes que forman Hawái se elevan desde el lecho oceánico.

Un nuevo volcán llamado Loihi erupciona desde el suelo oceánico al sur de Hawái. Con el tiempo formará una nueva isla.

Maui se ha alejado del punto caliente. Su volcán entró en erupción por última vez hace unos 200 años.

Sobre la pluma del manto la roca se funde y erupciona por los volcanes.

UNA COLOSAL CADENA DE ISLAS

LAGO DE FUEGO
ERTA ALE

El Erta Ale, uno de los volcanes más activos del mundo, está situado en el extremo norte del valle del Rift, donde la placa arábiga se está escindiendo de África. La roca fundida que asciende desde debajo de la corteza forma un lago candente de lava basáltica líquida, que se agita y burbujea. En la superficie del lago la lava se enfría formando una capa de roca frágil, que se quiebra y se hunde constantemente, dejando ver la incandescente lava fundida que hay debajo. Cada pocos años, un aumento de la actividad hace que el lago de lava se derrame por el paisaje circundante, donde la lava ha construido un volcán en escudo de roca basáltica oscura.

DE UN VISTAZO

- **LOCALIZACIÓN** Triángulo de Afar, Etiopía, nordeste de África
- **TIPO DE VOLCÁN** Volcán en escudo
- **ANCHURA DEL VOLCÁN** 50 km
- **ALTURA** 613 m

RESPLANDOR ARDIENTE

La verdadera naturaleza del lago de lava del Erta Ale se muestra al caer la noche. El cráter queda iluminado por el resplandor de la lava ardiente.

EL LAGO DE LAVA MÁS DURADERO

DATOS Y CIFRAS

150 M
DIÁMETRO DEL LAGO DE LAVA

El Erta Ale es uno de los 6 lagos de lava del mundo y es el más activo.

LAGO DE LAVA

El lago de lava forma parte del volcán desde hace algo más de un siglo.

ERTA ALE

En afar, la lengua local, Erta Ale significa «montaña que humea»

TEMPERATURA DE LA LAVA

°C   500   1000   1000 °C

ÚLTIMA GRAN ERUPCIÓN

2007

POZAS TINTADAS
DALLOL

Dallol, en Etiopía, ofrece un paisaje de otro mundo. La zona es una vasta salina de más de 1 kilómetro de profundidad, salpicada de fumarolas humeantes y pozas burbujeantes de vivos colores alimentadas por fuentes termales. La sal, el azufre, la potasa y el hierro que salen de las fumarolas y las fuentes termales han creado campos de minerales de diferentes colores. Algunos de estos minerales se disuelven en el agua formando pozas verdosas de ácido sulfúrico. Dallol, situado por debajo del nivel del mar en el calor abrasador de la depresión de Danakil, es uno de los lugares más inhóspitos de la Tierra.

DE UN VISTAZO

- **LOCALIZACIÓN** Depresión de Danakil, Etiopía, nordeste de África
- **FORMACIÓN** Campo hidrotermal en una salina
- **ELEVACIÓN** 45 m bajo el nivel del mar
- **TEMPERATURA MEDIA** 34 °C

DATOS Y CIFRAS

Dallol está en el extremo norte del Gran Valle del Rift, en la depresión de Danakil, el punto más bajo de África. Parte de la depresión está 100 m bajo el nivel del mar.

MINERALES

Las planicies de sal suministran prácticamente toda la sal de Etiopía.

FUMAROLAS

El aire huele a huevos podridos por el ácido sulfhídrico de las fumarolas.

TEMPERATURA La temperatura máxima en junio alcanza los 47 °C.

°C   20   40   60

VOLCÁN DALLOL

ÚLTIMA ERUPCIÓN EN 1926

CRISTALES DE COLORES

El agua rica en sustancias químicas que se evapora deja depósitos de cristales de sal. Se tiñen de rojo oxidado por el hierro, de amarillo por el azufre y del color de otros minerales. Los oscuros conos de escoria que salpican el paisaje muestran los lugares donde ha habido pequeñas erupciones.

EL LUGAR HABITADO MÁS CALUROSO

LODO BURBUJEANTE

En Rotorua el gas volcánico que burbujea entre el lodo crea curiosos diseños con formas onduladas y redondeadas. El gas sulfuroso se mezcla con el agua formando ácido sulfúrico, que ataca las rocas y las convierte en lodo.

HERVOR DE LODO
ROTORUA

Nueva Zelanda es una región sísmica en la que una placa de la corteza terrestre roza con otra. El lecho del océano Pacífico está empujando la Isla Norte y eso está abriendo un gran rift en su centro. El magma ascendente bajo el rift ha causado erupciones volcánicas colosales en el pasado, creando enormes calderas que ahora contienen lagos como el lago Taupo y el lago Rotorua. Dentro de las calderas, el calor que procede de debajo hace que el agua hirviendo aflore en forma de fuentes termales, géiseres y pozas de lodo burbujeantes. Algunos de los más espectaculares erupcionan alrededor de la ciudad de Rotorua, a veces llamada Ciudad Sulfurosa a causa de todos los gases volcánicos.

DE UN VISTAZO

- **LOCALIZACIÓN** Zona volcánica de Taupo, Isla Norte, Nueva Zelanda
- **EDAD** La caldera de Rotorua se formó hace unos 230 000 años
- **ELEMENTOS PRINCIPALES** Pozas de lodo, fuentes termales y géiseres
- **ACTIVIDAD GEOTERMAL** Constante

DATOS Y CIFRAS

La zona de Taupo es un supervolcán inactivo, como el de Yellowstone en EE UU. Comparten el mismo historial de erupciones masivas, que han tenido un impacto global.

CIUDAD DE ROTORUA
Toda la ciudad de Rotorua (población 57 800) se encuentra dentro de la caldera del Rotorua.

ZONA DE TAUPO
La última erupción supervolcánica de la zona ocurrió hace 26 500 años.

LONGITUD DEL RIFT
El rift que creó las calderas mide 350 km de largo y se extiende hasta el océano Pacífico.

km	250	300	350	400

ÁREA DE LA CALDERA
80 KM²

CALOR ABRASADOR

FUMAROLAS NEGRAS

En algunos lugares del lecho oceánico salen chorros de agua supercaliente. Surgen de los rifts de la corteza terrestre que forman dorsales oceánicas. El magma ascendente de debajo de los rifts calienta las rocas del lecho oceánico, que a su vez calientan el agua de mar que se ha filtrado en él. Gracias a la intensa presión, el agua disuelve los minerales, que se transforman en partículas oscuras y vaporosas cuando el agua caliente erupciona en el frío océano.

Respiradero vaporoso

El agua que se filtra en la roca del lecho oceánico se calienta y es lanzada de vuelta al océano. Cuando se mezcla con el agua fría del mar, los minerales se solidifican. Algunos forman una nube de humo; otros crean unas estructuras en forma de chimenea alrededor de los respiraderos. Los minerales sustentan, además, vastas colonias de animales especializados como cangrejos, mejillones y gusanos de tubo gigantes.

EL AGUA MÁS CALIENTE

El agua de la fumarola que se ha calentado mucho bajo presión erupciona por la chimenea y va a parar al agua del océano, que está cerca del punto de congelación.

Cuando el agua caliente se enfría, se depositan capas de distintos minerales en la chimenea.

Los minerales disueltos en el agua caliente se transforman en partículas carbonosas cuando entran en contacto con el agua fría del mar.

DE UN VISTAZO

- **LOCALIZACIÓN** En las dorsales oceánicas, como la del Pacífico Oriental y la Mesoatlántica
- **PROFUNDIDAD** De media 2100 m bajo las olas
- **TAMAÑO** Una fumarola negra puede medir más de 40 m de alto
- **FORMACIÓN** Las chimeneas se crean con minerales disueltos de rocas del lecho oceánico

DATOS Y CIFRAS

Los minerales que salen de las fumarolas negras y respiraderos del lecho oceánico son vitales para la vida oceánica.

TEMPERATURA
El agua que sale de las fumarolas puede alcanzar los 464 °C.

SUPERPROFUNDO
Las fumarolas negras más profundas que se conocen están a unos 5000 m de la superficie.

RITMO DE CRECIMIENTO
Una fumarola negra puede crecer a un ritmo de 30 cm al día.

CAMPOS HIDROTERMALES
El mayor campo hidrotermal, que se conoce como TAG, tiene el tamaño de un estadio de fútbol.

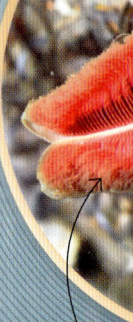

LOS PRIMEROS RESPIRADEROS HALLADOS
EN LA DORSAL DEL PACÍFICO ORIENTAL

VIDA EN LA OSCURIDAD

La mayoría de los animales sobreviven con alimentos que las plantas y las algas fabrican con la energía del sol, pero las fumarolas negras erupcionan en el fondo del océano, donde no llega la luz. Los animales que viven allí sobreviven gracias a las bacterias. Los cangrejos se comen las bacterias, y otros animales, como los gusanos tubo gigantes, tienen colonias de bacterias dentro de su cuerpo y viven del alimento que estas fabrican.

Los gusanos de tubo gigantes extraen minerales vitales con sus agallas. No tienen ni boca, ni ojos ni estómago.

Los gusanos
de tubo llegan
a medir 3 m.

Mejillones

Bacterias

Los cangrejos blancos
ciegos se alimentan
de bacterias.

El agua, a unos 2 °C, se
filtra en las grietas del
fondo y es calentada
por la roca, haciendo
que vuelva a subir.

87

ISLA CANDENTE
JAVA VOLCÁNICA

En Indonesia hay 130 volcanes activos.

La isla de Java está llena de volcanes que han erupcionado donde una placa de la corteza terrestre se desplaza bajo otra. El agua que la corteza arrastra al hundirse provoca cambios químicos en la roca caliente que hay debajo, haciendo que se funda y desencadenando la erupción de volcanes a lo largo del límite de las placas. Cuando eso ocurre en el lecho oceánico, se forman unas cadenas de islas volcánicas llamadas arcos insulares, que a veces se unen formando islas más grandes, como Java. Estos volcanes producen una lava viscosa repleta de gas que sale por el cráter o explota en el aire formando enormes nubes de ceniza. La ceniza y la lava se van acumulando en distintas capas formando conos de paredes empinadas que se conocen como estratovolcanes.

DE UN VISTAZO

- **LOCALIZACIÓN** Java, Indonesia
- **TIPO DE VOLCÁN** Estratovolcanes
- **ALTURA MÁXIMA** El monte Semeru alcanza los 3676 m
- **EDAD** Java se formó a partir de volcanes que erupcionaron en los últimos 2-3 millones de años

DATOS Y CIFRAS

Java forma parte del Arco de Sonda, una de las regiones más volcánicas de la Tierra. Las erupciones más catastróficas de la historia reciente, el Tambora (1815) y el Krakatoa (1883), han tenido lugar en el Arco de Sonda, cerca de Java.

JAVA

Java tiene 45 volcanes activos y otros muchos inactivos, pero no extintos.

MONTE MERAPI

El Merapi ha producido más flujos piroclásticos que cualquier otro volcán.

MONTE SEMERU

En el Semeru, el más alto de Java, hay explosiones de ceniza cada 10-30 minutos.

MUY JUNTOS

La mayoría de los volcanes de Java están a menos de 80 km entre sí.

CONOS AGRUPADOS

Una cadena de volcanes forma la espina dorsal de Java. Cinco de ellos erupcionaron en la caldera (cráter desplomado) de un volcán mucho mayor que explosionó hace 45 000 años. Forman el paisaje volcánico de Bromo, el testimonio más espectacular de la naturaleza de Java.

VOLCÁN VOLÁTIL
MONTE ETNA

El monte Etna, en Sicilia, es uno de los estratovolcanes más activos del mundo. Sus erupciones regulares han formado un vasto cono de ceniza y lava, lo suficientemente alto como para que su cima se cubra de nieve en invierno. Las frecuentes erupciones, no obstante, también funcionan como válvulas de seguridad, ya que liberan parte de la presión que, de lo contrario, podría causar erupciones mucho más grandes y peligrosas. Así pues, a pesar de su naturaleza volátil, el Etna no es tan violento como parece.

Nube de ceniza

El Etna puede erupcionar de muchas formas distintas. Algunas erupciones originan ríos de roca fundida líquida, mientras que otras son más explosivas y producen nubes de ceniza volcánica y bombas de lava que caen en las laderas.

El magma que se filtra entre las capas de roca ha formado cámaras magmáticas poco profundas.

El gas y la ceniza abrasadora descienden por la ladera en flujos piroclásticos.

Las erupciones procedentes de pequeños respiraderos y fisuras han creado cientos de conos de escoria como este.

DE UN VISTAZO

- **ALTURA** 3329 m
- **CIRCUNFERENCIA** Unos 150 km
- **TIPO DE VOLCÁN** Estratovolcán
- **LOCALIZACIÓN** Este de Sicilia, Italia

DATOS Y CIFRAS

HACE 500 000 AÑOS

FORMACIÓN

El monte Etna es uno de los volcanes más complejos del mundo, y también el más grande y activo de Europa.

POBLACIÓN CERCANA

Más del 25 % de la población de Sicilia vive en las laderas del Etna.

| 0% | 10% | 20% | 30% | 40% | 50% |

ACTIVIDAD VOLCÁNICA

El volcán ha erupcionado unas 200 veces en los últimos 3500 años.

ANILLOS DE HUMO

Los cráteres de la cima del Etna emiten anillos gigantes de vapor.

ERUPCIÓN MÁS VIOLENTA

MARZO DE 1669

Las cargas eléctricas de la nube de ceniza provocan rayos de tormenta.

La roca fundida que sale disparada del cráter forma bombas de lava aéreas.

Las nubes de ceniza que las grandes erupciones lanzan a la atmósfera pueden alcanzar una altura de 10 km.

La lava desciende por las laderas del volcán, donde se enfría y se convierte en roca sólida.

Al menos cuatro conos volcánicos antiguos están sepultados debajo del Etna.

Cada erupción añade una capa de lava y ceniza al cono del volcán.

Capas de roca sedimentaria formadas antes de que el volcán existiera.

La roca fundida que sube desde el manto de la Tierra llena una profunda cámara magmática.

ERUPCIONES LATERALES

Además de erupcionar por la cima, el Etna lo hace por los cráteres y fisuras de sus laderas. Las erupciones laterales son menos explosivas, pero pueden producir espectaculares fuentes de fuego y flujos de lava rápidos que destruyen cosechas, casas e incluso localidades enteras.

EL MAYOR VOLCÁN DE EUROPA

CIMA HUMEANTE

Hace 2000 años una erupción masiva destruyó la cima del monte Etna, creando una amplia depresión que poco a poco se ha ido llenando de lava. Hay cuatro cráteres activos dentro de dicha caldera, que erupcionan de forma explosiva lanzando al aire columnas de gas y ceniza volcánica. En invierno, las colinas circundantes se cubren de nieve.

SUPERVOLCÁN
CALDERA DE YELLOWSTONE

DE UN VISTAZO

● **LOCALIZACIÓN** Parque nacional de Yellowstone, Wyoming, EE UU

● **TAMAÑO DE LA CALDERA** 3900 km²

● **FORMACIÓN** Hundimiento en la cámara magmática tras vaciarse a causa de una erupción volcánica enorme

● **ELEMENTOS PRINCIPALES** Géiseres, fuentes termales, fumarolas y terremotos menores

Bajo la espectacular vida salvaje del parque nacional de Yellowstone, EE UU, hay un supervolcán en ebullición, una masa gigantesca de roca fundida que podría erupcionar con suficiente fuerza como para causar un caos total. Ya ocurrió en un pasado lejano, en el que llenó la atmósfera de polvo volcánico. Cuando la cámara magmática se vació, el suelo que había encima se desplomó, formando una amplia depresión que se conoce como caldera de Yellowstone. Actualmente tiene muchas fuentes termales y géiseres.

El parque nacional de Yellowstone tiene una superficie de 8991 km².

El magma empuja algunas partes del suelo de la caldera formando cúpulas poco profundas.

El lago Yellowstone se encuentra en la parte inferior de la caldera.

Gigante durmiente
Yellowstone está en un punto caliente del manto de la Tierra, una enorme masa móvil de roca muy caliente que asciende desde cerca del núcleo del planeta. Esta pluma mantélica es sólida, pero fluye lentamente. En la parte superior la presión es menor, por lo que parte de la roca caliente se funde y fluye hacia una cámara magmática, que alimenta otra cámara menos profunda bajo la caldera de Yellowstone.

Una cámara magmática poco profunda bajo la caldera calienta el agua subterránea, que erupciona en forma de fuentes termales y géiseres.

En la cámara magmática inferior hay una mezcla de magma y roca semifundida, caliente y esponjosa.

La roca fundida de la parte superior de la pluma mantélica sube por las grietas de la corteza y llena la gran cámara magmática.

La roca de la pluma mantélica está muy caliente, pero se mantiene sólida por la intensa presión, aunque es lo bastante blanda para fluir lentamente.

AMENAZA GLOBAL

El Yellowstone erupcionó por última vez hace unos 640000 años, con una explosión catastrófica que lanzó 1000 km³ de roca al aire. Podría ocurrir de nuevo, lo que produciría suficiente ceniza volcánica para cubrir la mitad de EE UU. Un velo rodearía todo el globo, atenuando el Sol y enfriando el clima.

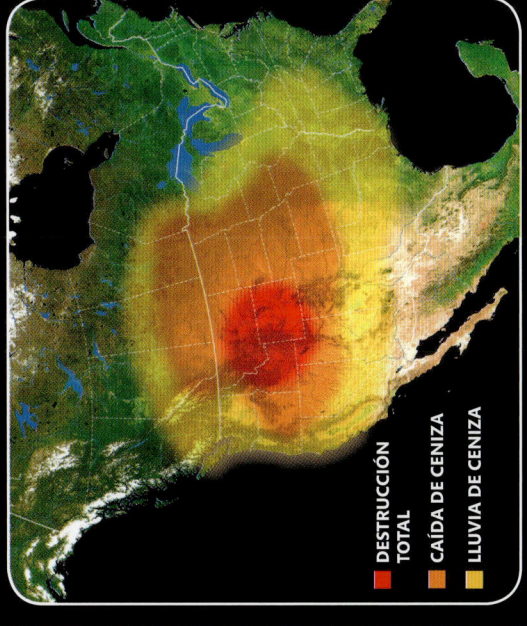

- 🟥 **DESTRUCCIÓN TOTAL**
- 🟧 **CAÍDA DE CENIZA**
- 🟨 **LLUVIA DE CENIZA**

DATOS Y CIFRAS

Los científicos están muy pendientes de Yellowstone y por suerte no han visto indicios de que vaya a erupcionar dentro de poco.

ACTIVIDAD
Dos tercios de las fuentes termales y géiseres del mundo están en la caldera de Yellowstone.

TEMPERATURA
La cámara magmática de Yellowstone está a unos 760°C.

PLUMA MANTÍFERA
Se cree que la pluma mantífera de Yellowstone podría emerger desde cerca del núcleo externo de la Tierra.

TAMAÑO DE LA CALDERA
Dentro de la caldera cabría una ciudad como Tokio, una de las más grandes del mundo.

MAYOR ERUPCIÓN REGISTRADA

HACE
0,64
MILLONES
DE AÑOS

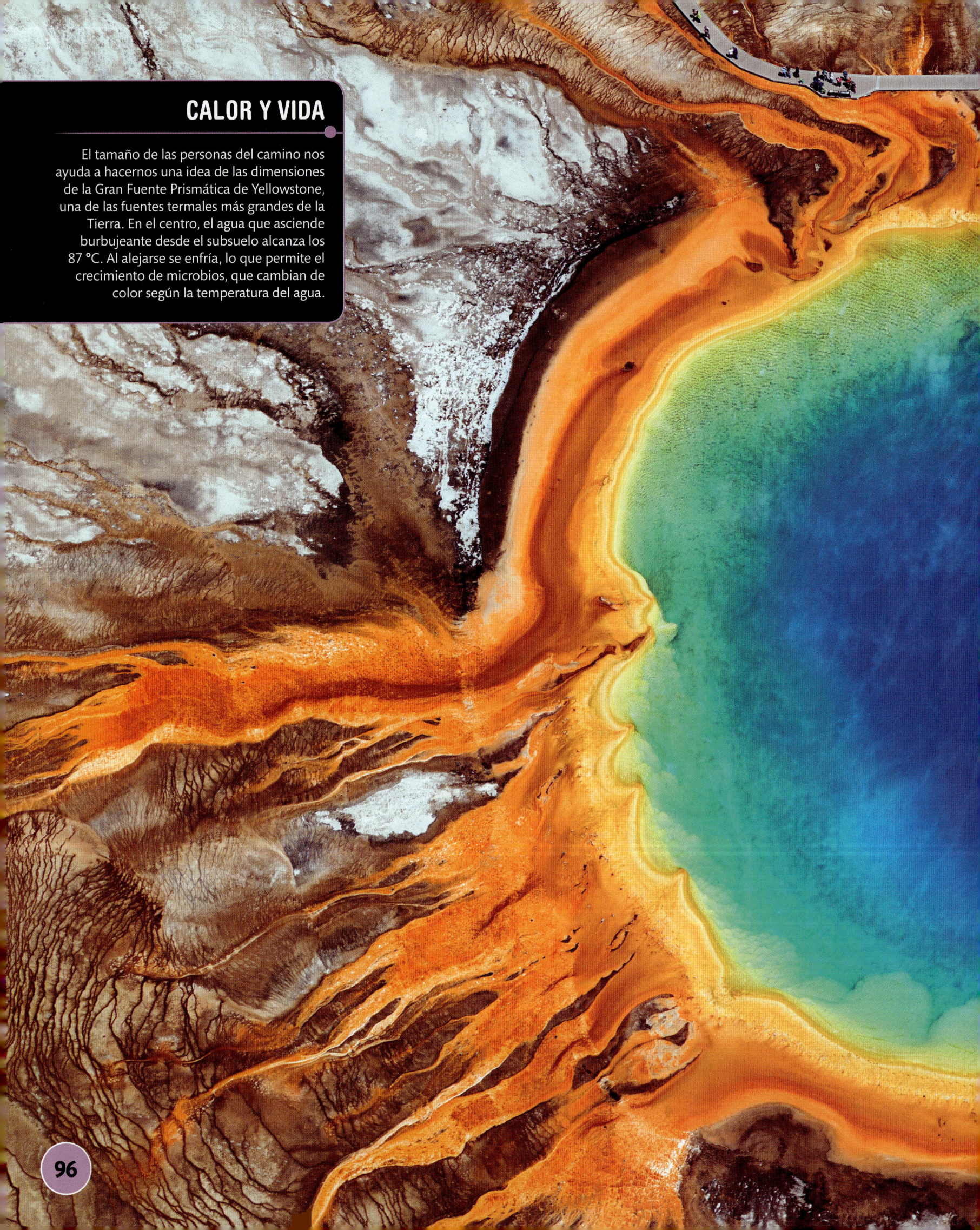

CALOR Y VIDA

El tamaño de las personas del camino nos ayuda a hacernos una idea de las dimensiones de la Gran Fuente Prismática de Yellowstone, una de las fuentes termales más grandes de la Tierra. En el centro, el agua que asciende burbujeante desde el subsuelo alcanza los 87 °C. Al alejarse se enfría, lo que permite el crecimiento de microbios, que cambian de color según la temperatura del agua.

MUNDO HELADO

Alrededor del 70 por ciento del agua dulce de la Tierra es hielo. La mayor parte está en los casquetes polares y los glaciares del Ártico y el Antártico y en las montañas. Hace miles de años, los casquetes polares eran mucho más grandes. En el área que habían cubierto se aprecia aún la huella de aquellos períodos glaciales.

RÍO DE HIELO
GLACIAR KASKAWULSH

En las montañas y los polos, las temperaturas se mantienen tan bajas durante todo el año que la nieve nunca se derrite. Se va acumulando en gruesas capas que se comprimen transformándose en hielo a causa de su propio peso. El pesado hielo se va extendiendo lentamente colina abajo en forma de glaciar, como el glaciar Kaskawulsh, en el oeste de Canadá. Los glaciares forman profundos valles y arrastran montones de roca fragmentada. Los glaciares pequeños pueden unirse formando otros más grandes y, en climas fríos, pueden llegar hasta el mar. El Kaskawulsh termina en las montañas de San Elías, donde el agua de su deshielo forma varios ríos.

DE UN VISTAZO

- **LOCALIZACIÓN** Parque nacional Kluane, Territorio Yukón, Canadá
- **LONGITUD** 75 km
- **ANCHURA MÁXIMA** 6 km
- **ESTATUS** En retroceso, hasta el punto de que uno de los ríos alimentado por el agua de su deshielo se está secando

DATOS Y CIFRAS

Como muchos glaciares en todo el mundo, el glaciar Kaskawulsh se está derritiendo como consecuencia del cambio climático.

GROSOR DEL HIELO

El hielo de este glaciar alcanza los 1000 m de grosor.

ÁREA

El glaciar cubre más de 25 000 km² de terreno montañoso.

VELOCIDAD A LA QUE FLUYE

El hielo del glaciar fluye a una velocidad de unos 150 m al año.

m	50	100	150

HIELO Y ROCA

Dos glaciares se unen formando el inmenso glaciar Kaskawulsh. El hielo transporta escombros arrancados de las laderas del valle; los que llegan al extremo del glaciar forman un gran montículo llamado morrena terminal.

DESAPARECIDO

Tiempo atrás en este valle de Montana, EE UU, había un glaciar gigantesco. El pesado hielo en movimiento, cargado de fragmentos de roca, excavó una profunda fosa en las montañas y luego se derritió por completo.

OBRA DEL HIELO
HERIDAS GLACIALES

Durante al menos 2 millones de años, en la Tierra ha habido glaciaciones. Actualmente vivimos en un período relativamente cálido, en el que solo hay hielo en las regiones polares y en las montañas elevadas. Pero hace 22 000 años, la mayor parte del norte de Norteamérica y de Eurasia estaba cubierta de casquetes polares y glaciares. Al derretirse, el hielo dejó impresionantes marcas en el paisaje, especialmente en las zonas rocosas de montaña. Entre ellas profundos valles en forma de U y lagos glaciares tallados por los glaciares, vastas laderas de roca fragmentada por el hielo y montículos de escombros rocosos conocidos como morrenas. De hecho, casi todos los paisajes de montaña que más admiramos hoy fueron esculpidos por el hielo.

DE UN VISTAZO

- **LOCALIZACIÓN** Norteamérica, Eurasia, Patagonia y Nueva Zelanda
- **FORMACIÓN** Erosión por el hielo que se ha derretido
- **EDAD** Más de 10 000 años
- **MAYORES ELEMENTOS GLACIALES** Los Grandes Lagos, Norteamérica

DATOS Y CIFRAS

En el período más frío de la glaciación más reciente, fue tanta el agua transformada en hielo continental que el nivel del mar bajó hasta 120 m. En el hemisferio norte los gruesos casquetes polares llegaron hasta las actuales Seattle y Nueva York, en EE UU, y Berlín, en Alemania.

HIELO GLACIAL

Hoy, el 10 % de la Tierra está cubierta de hielo; en la última glaciación lo estaba el 32 %.

AGUA DULCE

Alrededor de un 70 % del agua dulce es la que forma el hielo glacial.

NIVEL DEL MAR

Si todo el hielo glacial se derritiera, el nivel del mar subiría unos 70 m.

CANADÁ

Hace unos 20 000 años, el 97 % de Canadá estaba totalmente cubierto de hielo.

GRAN PENDIENTE
FIORDOS NORUEGOS

En la última glaciación, muchos glaciares que se desplazaban hacia la costa a través de las montañas heladas de Escandinavia esculpieron valles tan profundos que se hundían bajo el nivel del mar. Cuando los glaciares se derritieron, el agua del deshielo elevó el nivel del mar hasta 100 m, inundando las depresiones en forma de U y creando los fiordos. Como todos los valles glaciares, tienen escarpadas paredes rocosas que a menudo son casi verticales y se hunden en las frías aguas septentrionales a gran profundidad. Muchos fiordos noruegos son más profundos que el mar vecino; enormes buques oceánicos los surcan, eclipsados por los imponentes acantilados.

DE UN VISTAZO

- **LOCALIZACIÓN** Oeste de Noruega
- **PROFUNDIDAD DEL AGUA** Normalmente más de 330 m
- **LONGITUD** El fiordo noruego más largo se extiende a lo largo de 205 km
- **EDAD** La mayoría se formaron hace más de 10 000 años

DATOS Y CIFRAS

En total, hay unos 1190 fiordos entre Noruega y Svalbard. Forman el paisaje costero más espectacular del mundo.

ARRECIFES

En estos fiordos hay algunos de los mayores arrecifes de coral de agua fría.

TÚNELES DE CARRETERA

Se han construido grandes túneles bajo los fiordos para facilitar el transporte.

LITORAL

km (en miles)

5	10	15	20	25

El litoral noruego mide 29 000 km con los fiordos, y solo 2500 km sin ellos.

FIORDO MÁS PROFUNDO

1308 M

EL PODER DEL HIELO

Esculpido en el granito por un glaciar gigantesco hace más de 12 000 años, el fiordo Lysefjord en el sur de Noruega está presidido por escarpados acantilados que se erigen más de 600 m sobre el agua.

CUEVAS DE HIELO
GLACIAR MENDENHALL

El hielo del glaciar que se forma en las montañas se desliza lentamente por la colina hasta una altitud en la que el aire y la roca están lo bastante calientes para derretirlo. Eso hace que por debajo del extremo del glaciar fluya un arroyo continuo formado por el agua del deshielo. En Alaska, este proceso ha creado largos túneles y cuevas en la base del glaciar Mendenhall. A esa profundidad, el hielo del glaciar es muy denso, ya que se ha comprimido por el enorme peso del hielo que tiene encima. Este denso hielo absorbe la luz roja del sol que se filtra en la cueva, que tiene una longitud de onda larga, y hace que las paredes y los techos de hielo adquieran una tonalidad azulada.

DE UN VISTAZO

- **LOCALIZACIÓN** Sudeste de Alaska, EE UU
- **LONGITUD DEL GLACIAR** 22 km
- **ESTATUS DEL GLACIAR** En retroceso a causa del cambio climático
- **CUEVAS DE HIELO** Se derriten con bastante rapidez

DATOS Y CIFRAS

Las cuevas bajo el glaciar Mendenhall se han formado a partir de la nieve que cayó hace muchos siglos en el campo de hielo de Juneau, Alaska.

ORIGEN DEL GLACIAR

El Mendenhall es uno de los 38 glaciares que fluyen en el campo de hielo de Juneau.

ÁRBOLES CONGELADOS

Al derretirse el hielo aparecen árboles congelados durante más de 1000 años.

ÁREA

Con sus 3885 km², el campo de hielo de Juneau es el quinto más grande de Norteamérica.

km²	1000	2000	3000

EDAD DE LAS PAREDES DE LA CUEVA

HASTA **250** AÑOS

EN EL AZUL

El antiguo hielo se derrite bajo el glaciar y el agua del deshielo esculpe una red de cuevas de hielo espectaculares, que cambian continuamente de forma y es probable que acaben desapareciendo.

CONTINENTE HELADO
ANTÁRTIDA

El continente de la Antártida es el lugar más frío de la Tierra. Antiguamente fue el hogar de dinosaurios que vagaban por verdes bosques, pero las fuerzas implacables de las placas tectónicas desplazaron esa masa terrestre hacia el Polo Sur, donde se transformó en un terreno cubierto de hielo. La mayor parte del continente rocoso de la Antártida está sepultado bajo grandes capas de hielo que se extienden sobre sus gélidas aguas costeras.

Roca y hielo

Si pudiéramos levantar el grueso hielo de la Antártida, descubriríamos un continente dividido en dos por las agrestes montañas Transantárticas. La mayor parte de la roca continental se encuentra bajo el nivel del mar debido al descomunal peso del hielo. El hielo más grueso se halla cerca del Polo Sur, al este de la Antártida.

La plataforma de hielo Ronne forma parte de la capa de hielo de la Antártida Occidental, que se extiende sobre el mar de Weddell.

Como la de Ronne, la plataforma de Ross es una gran capa de hielo flotante, de la que se rompen enormes trozos que forman icebergs gigantescos.

La península Antártica se extiende hacia la punta de Sudamérica. Sus frías montañas están rodeadas de tundra rocosa.

Mar de Weddell

OCÉANO GLACIAL ANTÁRTICO

Mar de Ross

DE UN VISTAZO

- **LOCALIZACIÓN** Polo Sur
- **ÁREA** 14 000 000 km²
- **PROFUNDIDAD DE LAS CAPAS DE HIELO** 1,9 km de media
- **PUNTO MÁS ALTO** Macizo Vinson, cerca de la base de la península Antártica, con 4892 m

La Antártida está rodeada por el tempestuoso océano Glacial Antártico, que se hiela en invierno.

En la Antártida Occidental hay una cordillera cubierta de hielo, que se extiende hasta el mar en forma de plataformas de hielo flotante.

El lecho del mar de Ross está cubierto de rocas pulverizadas del continente arrastradas por el hielo en movimiento.

DATOS Y CIFRAS

La Antártida, con unas temperaturas que te congelarían la piel en segundos, es el lugar más frío de la Tierra y, por tanto, el menos explorado. Es el continente más elevado, seco y ventoso.

TEMPERATURA

La temperatura media en la Antártida es de -49,5 °C.

| °C | -60 | -45 | -30 | -15 | 0 |

CAPA DE HIELO

Alrededor del 98 % de la Antártida está cubierta de hielo.

POLO SUR

En el centro de la Antártida está el Polo Sur, el punto más meridional de la Tierra.

Las montañas Transantárticas recorren la Antártida, formando una de las cordilleras más largas de la Tierra.

Cerca del corazón del continente helado, la capa de hielo de la Antártida Oriental mide 4,8 km de grosor.

A causa del grosor de las capas de hielo, la altitud media de la Antártida supera los 4000 m sobre el nivel del mar.

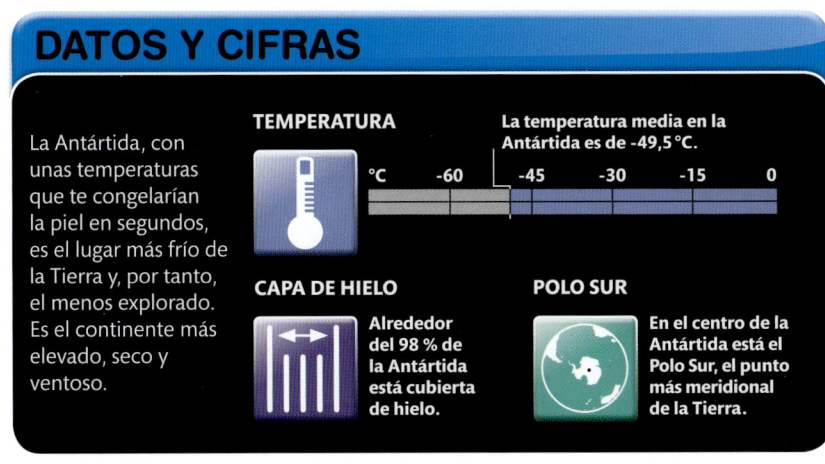

Las zonas más bajas del sustrato continental están bajo el nivel del mar a causa del peso del hielo.

La Antártida Oriental es más elevada y fría que la parte occidental del continente.

OCÉANO GÉLIDO

En invierno el mar que rodea la Antártida es una enorme extensión de hielo marino flotante, más grande que el continente mismo. La mayor parte es banquisa que arrastran las corrientes oceánicas y forma una capa prácticamente continua.

EXTENSIÓN DEL HIELO EN INVIERNO

En invierno el hielo marino cubre hasta unos 18 millones de kilómetros cuadrados del océano. Alcanza su máxima extensión en septiembre, cuando termina el invierno en el hemisferio sur.

EXTENSIÓN DEL HIELO EN VERANO

En primavera el hielo marino empieza a derretirse y a finales de febrero cubre solo 3 millones de kilómetros cuadrados. La mayor parte de ese hielo estival es arrastrado en sentido horario alrededor del mar de Weddell por las corrientes impulsadas por el viento.

LA CAPA DE HIELO MÁS GRANDE

PLATAFORMA IMPONENTE

Donde las vastas capas de hielo que cubren la Antártida se deslizan hasta el océano, se forman gigantescas plataformas de hielo flotante. La más grande, la plataforma de hielo de Ross, es del tamaño de Francia. El hielo flotante sumamente grueso forma un escarpado acantilado que mide más de 600 km de largo y sobresale hasta 50 m sobre la superficie del mar de Ross.

Al derretirse los icebergs, las burbujas de aire comprimidas dentro del hielo van explotando.

LA PUNTA DEL ICEBERG
Solo la punta de este iceberg antártico flota sobre las olas del océano Glacial Antártico, donde el denso hielo azul ofrece un refugio seguro a un grupo de pingüinos de Adelia.

ISLAS DE HIELO FLOTANTES
ICEBERGS

En las regiones polares, el frío clima permite que los glaciares se desplacen hasta la costa, desparramándose por el mar como lenguas de hielo flotantes. Al subir y bajar, las mareas acaban rompiendo los glaciares. Algunos trozos se parten, caen al mar y van a la deriva como icebergs. Los hay pequeños, pero algunos son islas flotantes enormes que pueden ser llevadas durante años por las corrientes oceánicas. Son un grave peligro para los barcos, como en el caso del *Titanic*, que chocó con uno en 1912.

DE UN VISTAZO

- **LOCALIZACIÓN** Océanos fríos
- **FORMACIÓN** Fragmentos de glaciares que han ido a parar al mar
- **TAMAÑO** El iceberg más grande que se conoce era más grande que Bélgica
- **LONGEVIDAD** Hasta 5 años

DATOS Y CIFRAS

La mayoría de los icebergs están en el Atlántico Norte, cerca de Groenlandia, y en el océano Glacial Antártico, alrededor de la Antártida.

HIELO OCULTO
El 90 % del volumen de un iceberg está oculto; solo se ve el 10 %.

DESPRENDIMIENTO
Todos los años se forman cerca de 50 000 icebergs grandes a partir de los glaciares de Groenlandia.

TEMPERATURA
Un iceberg puede tener una temperatura interna inferior a -20 °C.

°C   -20   0   20

ALTURA
HASTA
160
M SOBRE
EL NIVEL
DEL MAR

BRILLANTE JARDÍN HELADO
FLORES DE HIELO

En lugares con inviernos muy fríos, la superficie de los mares y los lagos se hiela a causa del aire frío. Mientras el hielo todavía es fino, libera vapor de agua, que forma una capa de aire húmedo justo encima del hielo. Si esta se enfría al entrar en contacto con aire muy frío, la humedad puede volver a helarse y formar cristales que parecen resplandecientes flores heladas. Solo se forman si el aire es mucho más frío que el hielo de debajo. Así pues, a medida que el hielo se vuelve más grueso y frío, las flores heladas dejan de formarse.

DE UN VISTAZO

- **LOCALIZACIÓN** Lugares con agua estancada que se hiela en invierno

- **FORMACIÓN** Vapor de agua que se hiela formando cristales de hielo

- **PUREZA** Las flores de hielo de lago son agua pura; en el hielo marino están llenas de sal

- **DURACIÓN** Suelen durar solo unos pocos días

DATOS Y CIFRAS

Las flores de hielo se forman si el hielo es fino, pero no cuando es más grueso y frío. Pueden encontrarse sobre el hielo marino nuevo en las regiones polares.

TEMPERATURA

Para que se formen flores de hielo, el aire debe tener una temperatura al menos 15 °C más baja que el hielo.

FACTOR DEL VIENTO

Otro factor clave es que la velocidad del viento debe ser inferior a 18 km/h.

TAMAÑO

Las delicadas flores heladas pueden alcanzar los 5 cm de alto.

MICROBIOS

Cada flor helada alberga alrededor de un millón de bacterias.

LAGO EN FLOR

Sobre la recién congelada superficie del lago Louise, al oeste de Canadá, el aire frío y en calma ha hecho que se forme un prado repleto de delicadas flores heladas.

EL LAGO MÁS PROFUNDO Y ANTIGUO

HIELO AGRIETADO

Largas grietas recorren la superficie helada del lago Baikal. El hielo tiene 2 m de grosor y se agrieta continuamente, emitiendo un sonido parecido al que produce un disparo.

CONGELADO
LAGO BAIKAL

Al norte de Mongolia, Asia se está escindiendo y se crea un enorme rift en la corteza terrestre. El rift, que tiene al menos 9 km de profundidad, se ha llenado de sedimentos y agua formando el lago más profundo del mundo. En invierno, el agua, excepcionalmente pura, se congela en la superficie prácticamente de golpe y forma una gruesa capa de hielo transparente como el cristal. Se enfría tan deprisa que las olas de la superficie del lago se congelan. Pero las tensiones del hielo hacen que se agriete y se rompa, elevando los bloques fragmentados, cuyo color turquesa destaca en la fría luz invernal.

DE UN VISTAZO

- **LOCALIZACIÓN** Siberia meridional, Rusia oriental
- **LONGITUD** 636 km
- **ÁREA** 31 722 km²
- **PROFUNDIDAD MÁXIMA** El lecho del lago está a 1642 m de la superficie

DATOS Y CIFRAS

El lago Baikal se formó hace unos 25 millones de años, cuando la corteza terrestre se separó creando una fosa tectónica, que luego se llenó de agua.

CAPACIDAD

El lago Baikal contiene más agua que los cinco Grandes Lagos de Norteamérica.

AGUA DULCE

El lago contiene alrededor del 20 % del agua dulce de la Tierra.

El rift sigue ensanchándose a un ritmo de unos 2,5 cm al año.

RIFT ACTIVO

cm 2 4 6 8

TEMPERATURA

La temperatura media en la zona es de -21 °C en invierno y 11 °C en verano.

°C -20 -10 0 10 20

SEDIMENTO DEL LECHO

HASTA
7
KM DE GROSOR

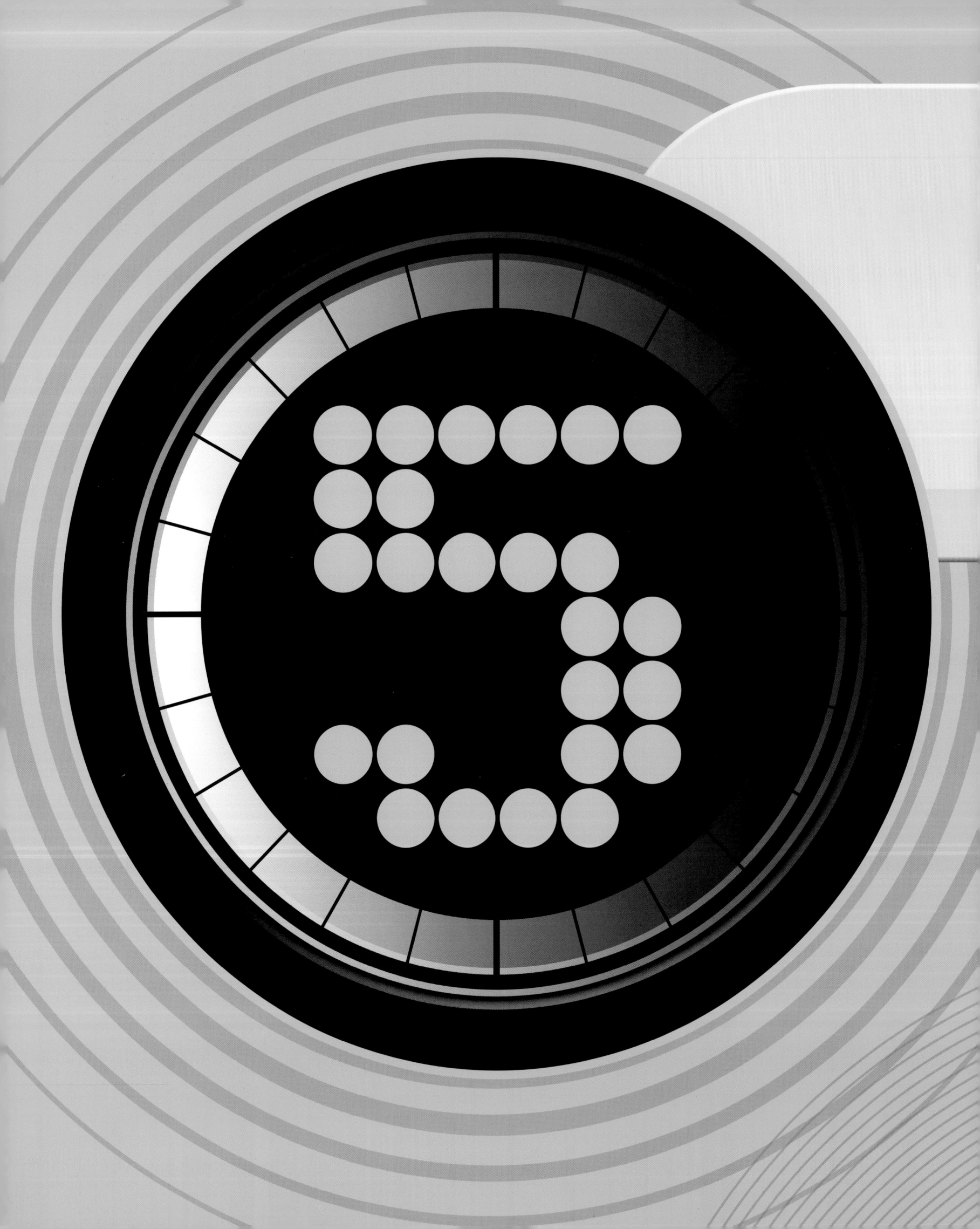

MUNDO DE AGUA

La mayor parte del paisaje de la Tierra ha sido moldeado por el agua que discurre por las colinas y las montañas en forma de grandes ríos y cascadas. Al fluir, el agua allana montañas y esculpe profundos valles. La arena y los sedimentos que arrastra forman nuevos terrenos, donde quedan depositados.

CASCADA GIGANTESCA
CATARATAS VICTORIA

En el corazón de África meridional, el imponente río Zambeze vierte sus aguas en una profunda garganta, formando la cascada más grande de la Tierra: las cataratas Victoria. Es la primera de seis gargantas que conducen el río hacia el sur siguiendo un trayecto en zigzag. Las gargantas se han esculpido en una gran capa de dura roca basáltica. En la estación lluviosa, todo el ancho de las cataratas es una masa de agua rugiente y estruendosa, que queda prácticamente oculta tras grandes nubes de vapor.

DE UN VISTAZO

- **LOCALIZACIÓN** En la frontera entre Zambia y Zimbabue
- **ALTURA** 108 m
- **ANCHURA** 1708 m
- **CAUDAL MEDIO** 1088 m³/s

DATOS Y CIFRAS

300 M³/S
CAUDAL MÍNIMO

El explorador escocés David Livingstone dio nombre a las cataratas Victoria en 1855.

CAUDAL MÁXIMO

12800 M³/S

ESTACIÓN LLUVIOSA

Cae suficiente agua para que se llene una piscina olímpica cada 2 s.

VAPOR

La nube de vapor puede verse desde unos 48 km de distancia.

ÁREA

Ocupan una superficie equivalente a 25 campos de fútbol.

NOMBRE REAL

Las cataratas llevan el nombre de la monarca británica, la reina Victoria.

VAPOR ATRONADOR

La luz del sol que se filtra a través del vapor forma un arcoíris por encima de las cataratas, que se conocen localmente como Mosi-oa-Tunya, o «el humo que truena». El vapor puede subir 400 m por encima de la catarata.

CUEVA COLOSAL
GRUTA DE SON DOONG

La gigantesca gruta de Son Doong, en Vietnam, es la cueva conocida más grande del mundo. Su principal galería podría albergar un rascacielos de 40 pisos. Oculta en la selva, no se descubrió hasta 1991. Como todas las cuevas de caliza, la creó la lluvia ácida al filtrarse por las grietas de la roca y poco a poco fue disolviéndola. Donde el agua gotea desde el techo, los minerales disueltos vuelven a convertirse en caliza, formando espectaculares estalagmitas y estalactitas, y un muro de 60 m de alto que bloquea uno de los extremos de la cueva. Dos enormes cavidades, cada una de ellas de 100 m de ancho, dejan que entre la luz.

DE UN VISTAZO

- **LOCALIZACIÓN** Provincia de Quang Binh, centro de Vietnam
- **LONGITUD** La red de cuevas principal mide más de 9 km de largo
- **ANCHURA** Hasta 150 m
- **ALTURA MÁXIMA** Más de 200 m

DATOS Y CIFRAS

Hay cuevas de roca caliza por todo el mundo. Cada año se explora alguna nueva, así que quizá acabe apareciendo una más grande que la gruta Son Doong.

TAMAÑO DE LA CÁMARA

En la cámara principal cabría un jumbo 747.

ÁRBOLES VIVOS

Las dos cámaras gigantes de la cueva albergan árboles de 30 m de alto.

ESTALAGMITAS

La cueva, que mide hasta 70 m de alto, tiene las estalagmitas más altas del mundo.

RED DE CUEVAS

En total, la cueva debe de tener más de 150 cámaras.

EDAD DE LA CUEVA

HASTA
5
MILLONES
DE AÑOS

MAJESTUOSA

La figura del explorador se ve diminuta en comparación con el tamaño monumental de la gruta. Un bosque tropical crece en una gran cavidad iluminada por el sol, donde parte del techo de la cueva se ha desplomado.

EL RÍO MÁS GRANDE DEL MUNDO

DE UN VISTAZO

- **LONGITUD** Más de 6400 km
- **ANCHURA** Cauce principal, hasta 40 km de ancho
- **CAUDAL MEDIO** 209 000 m³/s
- **ORIGEN** Andes peruanos

RÍO MAJESTUOSO

Un denso bosque tropical se extiende alrededor de los ríos de la cuenca del Amazonas. Durante la estación lluviosa, al menos 240 000 km² de bosque quedan inundados, ya que el nivel del río sube más de 9 m.

GIGANTESCO BOSQUE TROPICAL
RÍO AMAZONAS

El inmenso río Amazonas discurre por Sudamérica, desde los Andes hasta el Atlántico. Alimentado por al menos 1100 afluentes que drenan una región del tamaño de Australia, el Amazonas lleva mucha más agua al océano que cualquier otro río. Atraviesa el bosque tropical más grande del mundo, un paraíso natural con más especies de plantas y animales que cualquier otro hábitat. El propio río alberga numerosas formas de vida, desde delfines de río hasta voraces pirañas de vientre rojo.

DATOS Y CIFRAS

El Amazonas, con la mayor cuenca hidrográfica del mundo, recorre el 40 % de Sudamérica y lleva al océano la quinta parte de toda el agua de río.

DE RÉCORD

Además de ser el más grande, también es el río más agreste del mundo.

PROFUNDIDAD

En algunos lugares el río alcanza los 100 m de profundidad.

VOLUMEN

m³

En la estación de lluvias, su caudal alcanza los 300 000 m³/s.

200 000   300 000   400 000

EDAD DEL RÍO

UNOS
11
MILLONES
DE AÑOS

RELUCIENTE LAGO SALADO
MAR MUERTO

El mar Muerto es un lago de sal que ocupa una profunda depresión cerca de la costa este del Mediterráneo, y es el punto más bajo de tierra firme. El agua de río que llega al lago se evapora por el clima seco y cálido antes de poder salir de nuevo y deja minerales salados tras de sí. A lo largo de miles de años estos se han ido acumulando y han creado una de las aguas más saladas de la Tierra. Este lago se llama mar Muerto porque en él no puede vivir nada, más allá de unos pocos microbios halófilos.

DE UN VISTAZO

- **LOCALIZACIÓN** Valle del Jordán, bordeado por Jordania, Israel y Palestina
- **LONGITUD** 50 km
- **ANCHURA** 15 km
- **PROFUNDIDAD** 304 m

DATOS Y CIFRAS

El mar Muerto se ha formado en un profundo valle creado por una gigantesca falla que separa dos placas de la corteza terrestre.

LAGO MENGUANTE

La disminución del caudal del río que lo alimenta hace que el nivel del lago baje cada año.

CONTENIDO EN SAL

El agua del mar Muerto es casi 10 veces más salada que la del mar.

TEMPERATURA

De media, la temperatura del aire se mantiene por encima de 30 °C 6 meses al año.

AGUA DENSA

Gracias a su gran contenido en sal, los nadadores flotan sin ningún esfuerzo.

ALTITUD SUPERFICIAL

ESTÁ A
429 M
BAJO EL NIVEL DEL MAR

ORILLAS CRISTALINAS
El agua del mar Muerto es tan salada que en sus orillas se forman cristales de sal. La sal no es como la del agua de mar, ya que la combinación de minerales es distinta.

RÍO DE LOS CINCO COLORES
CAÑO CRISTALES

Caño Cristales, en Colombia central, ha sido calificado como el río más hermoso del mundo. Es famoso por sus aguas cristalinas, pero sobre todo por las plantas acuáticas que crecen en él. Durante unos pocos meses, cuando el agua alcanza la profundidad adecuada, una rara planta acuática llamada *Macarenia clavigera* adopta una tonalidad roja intensa. Su vivo color se combina con el verde del verdín, el azul y el negro del agua, y el amarillo de la arena, creando un deslumbrante espectáculo.

DE UN VISTAZO

- **LOCALIZACIÓN** Serranía de la Macarena, Colombia, Sudamérica
- **CIUDAD MÁS PRÓXIMA** Bogotá
- **LONGITUD DEL RÍO** 100 km
- **ÉPOCA DEL AÑO** El fenómeno se da entre agosto y noviembre

DATOS Y CIFRAS

Caño Cristales, con su explosión de colores, se conoce también como el «río de los cinco colores» o el «arcoíris líquido». Es un río con muchos rápidos y cascadas.

PLANTA RARA
La *Macarenia clavigera*, a la que debe su color rojizo, no existe en ningún otro sitio de la Tierra.

VIDA FLUVIAL
En el río Caño Cristales no hay peces, porque su agua es tan pura que contiene muy poca comida.

TAMAÑO DE LA PLANTA
La planta *Macarenia clavigera* mide unos 5 cm de largo.

cm	2	4	6	8

EL RÍO MÁS HERMOSO DEL MUNDO

RÍO ROCOSO

La *Macarenia clavigera* cubre los hoyos que han creado las piedras de las cavidades rocosas del lecho del río. Cuando la corriente las arrastra, desgastan la roca y van creando los hoyos.

POZAS MÁGICAS

El agua rica en minerales de las fuentes baja por las terrazas de travertino, enfriándose y depositando más travertino. Muchas de las terrazas tienen pozas poco profundas de agua caliente.

CASCADA AZUL
PAMUKKALE

En las montañas del oeste de Turquía, el calor de la roca fundida que hay bajo la superficie ha provocado la erupción de una serie de fuentes termales en Pamukkale, cerca de la ciudad de Denizli. El agua caliente es rica en carbonato cálcico de las rocas de caliza que hay bajo el suelo. Cuando el agua va a parar al aire, una reacción química hace que el carbonato cálcico se transforme en un mineral, el travertino. Durante miles de años, este proceso ha ido construyendo una impresionante serie de terrazas de travertino que descienden en cascada formando una escalinata que parece de hielo. Pero el agua no está helada, sino caliente. Lleva usándose para darse baños desde el tiempo de los romanos.

DE UN VISTAZO

- **LOCALIZACIÓN** Provincia de Denizli, en el sudoeste de Turquía
- **ALTURA DE LAS TERRAZAS** 160 m
- **TAMAÑO** 2,7 km de largo
- **ESTATUS** Patrimonio de la Humanidad

DATOS Y CIFRAS

17
NÚMERO DE FUENTES TERMALES

En Pamukkale estaba Hierápolis, balneario construido por los romanos.

EL AGUA RECORRE
320
M
HASTA LAS TERRAZAS

CASTILLO DE ALGODÓN
Pamukkale en turco es «castillo de algodón», por el aspecto de las terrazas.

TEMPERATURA

°C | 30 | 60 | 90 | 120

CIUDAD ANTIGUA
La antigua ciudad de Hierápolis quedó destruida por un terremoto en 1354.

La temperatura de las fuentes termales varía entre 35 y 100 °C.

ARRECIFE DESLUMBRANTE

La Gran Barrera de Coral está formada por muchos arrecifes de coral más pequeños unidos entre sí mediante una compleja red de crestas que se extienden alrededor de lagunas arenosas poco profundas. La blanca arena coralina de las lagunas lanza destellos turquesa a través del agua cristalina tropical. Más allá del arrecife está el azul intenso del océano Pacífico.

DESDE EL ESPACIO

Esta imagen por satélite muestra los canales por los que el Ganges desemboca en el delta. El verde oscuro de los manglares de Sundarbans contrasta con el verde más claro de los campos de cultivo.

PANTANO GIGANTE
DELTA DEL GANGES

El Ganges y el Brahmaputra nacen en el Himalaya y desembocan en el océano Índico. Transportan enormes cantidades de sedimentos procedentes de las montañas. Cuando desembocan en el mar, en la bahía de Bengala, el agua salada hace que las partículas de sedimento se aglutinen y se posen en el lecho marino formando gruesas capas. Como resultado, el terreno se extiende formando un abanico llamado delta. Al pasar sobre él, los ríos se dividen en complejas redes de canales flanqueados por densos bosques y manglares. Las zonas más agrestes se conocen como Sundarbans y son un refugio para la fauna y la flora salvaje, incluidos los tigres. Pero el suelo es tan fértil que grandes zonas han sido convertidas en tierras de cultivo.

DE UN VISTAZO

- **LOCALIZACIÓN** India y Bangladés, en el extremo norte de la bahía de Bengala
- **ANCHURA MÁXIMA** 354 km
- **ÁREA** Más de 105 000 km²
- **PROFUNDIDAD DEL SEDIMENTO** 16 km

DATOS Y CIFRAS

El delta se extiende bajo la bahía de Bengala creando un abanico submarino gigante. El enorme peso del sedimento en el delta ha deformado la corteza terrestre.

SEDIMENTO

Cada año el Ganges lleva al mar más de 2000 millones de toneladas de sedimentos.

DENSIDAD DE POBLACIÓN

El delta es una de las regiones más pobladas, con 143 millones de habitantes.

TIGRES DE BENGALA

Unos 1000 tigres de Bengala viven en los pantanos de manglares de Sundarbans.

EXPANSIÓN DEL DELTA

El delta se ha extendido 400 km hacia el mar en unos 40 millones de años.

LA CASCADA MÁS ALTA DEL MUNDO

MARAVILLA OCULTA

A causa de su ubicación remota, esta espectacular cascada no se descubrió hasta 1933, cuando fue vista desde el aire por el piloto estadounidense Jimmie Angel.

SORPRESA INESPERADA
SALTO ÁNGEL

En la Gran Sabana, en Venezuela, el paisaje está dominado por espectaculares montañas de cima plana llamadas tepuis. Una de las más grandes se conoce con el nombre de Auyán-tepui, que significa «Montaña del diablo». La lluvia tropical alimenta un río que cae por su escarpada ladera, creando la cascada permanente más alta del mundo, el Salto Ángel. La altura desde la que cae en picado esta espectacular cascada es tan grande que la mayor parte del agua se disipa en forma de fino vapor antes de llegar al denso bosque que hay al pie de la montaña.

DE UN VISTAZO

- **LOCALIZACIÓN** Sudeste de Venezuela, Sudamérica
- **ALTURA TOTAL** 979 m
- **CAÍDA MÁS LARGA** 807 m
- **ANCHURA DE LA BASE** 150 m

DATOS Y CIFRAS

El Salto Ángel forma parte del parque nacional Canaima. Más del 60 % de este parque está dominado por espectaculares tepuis, entre ellos el Salto Ángel.

DE RÉCORD

El Salto Ángel mide más del doble que el Empire State Building, EE UU.

NOMBRE LOCAL

El nombre local es Kerepakupai Vená: «salto del lugar más profundo».

ALTURA TOTAL

m	300	600	900	1200

La altura total de 979 m incluye la cascada y los rápidos que hay al pie del Salto Ángel, así como la caída más larga.

MUNDO DE AGUA

MARAVILLA SUBMARINA
GRAN AGUJERO AZUL

En el corazón del arrecife del Faro, en el Caribe, hay un agujero profundo y oscuro, perfectamente circular, en el lecho marino. Se formó durante la última glaciación, cuando el nivel del mar estaba mucho más bajo y la caliza circundante era terreno seco. La lluvia que se filtraba por la roca creó una cueva de piedra caliza y, en algún momento, el techo se desplomó formando un sumidero circular. Cuando el nivel del mar subió al final de la glaciación, el agua de mar lo inundó formando el Gran Agujero Azul.

DE UN VISTAZO

- **LOCALIZACIÓN** Caribe occidental, 80 km al este de Belice central
- **FORMACIÓN** Sumidero de caliza inundado
- **EDAD** Se formó hace más de 15 000 años
- **ESTATUS** Forma parte del Sistema de Reservas de la Barrera del Arrecife de Belice, Patrimonio de la Humanidad

DATOS Y CIFRAS

300
M
ANCHURA

El Gran Agujero Azul es uno de los mejores lugares para bucear del mundo.

CUEVA DEL SUMIDERO

La cueva tiene estalactitas y estalagmitas, típicas de las cuevas de caliza.

EXPLORACIÓN

Lo exploró por primera vez en 1972 el biólogo marino francés Jacques Cousteau.

TEMPERATURA

La temperatura máxima del agua es de unos 29 °C.

| °C | 10 | 20 | 30 | 40 |

PROFUNDIDAD

125
M

AZUL INTENSO
El agua profunda del Gran Agujero Azul contrasta con el tono turquesa del arrecife de coral menos profundo. En la pared del sumidero, muy por debajo de la superficie, hay cuevas de caliza inundadas.

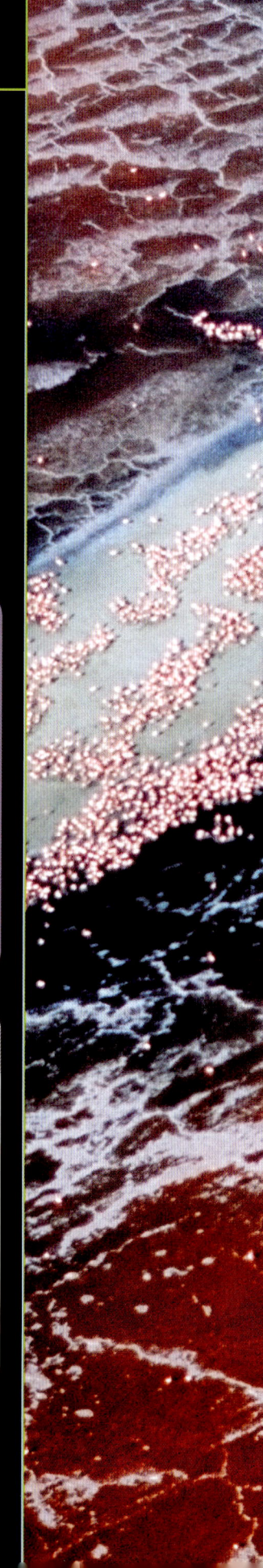

LAGO DE SOSA
LAGO NATRON

El lago Natron es uno de los hábitats salvajes más hostiles del mundo. Está en el Gran Valle del Rift, en África, bajo el sol abrasador. Su agua se evapora a causa del calor, dejando tras de sí minerales que hacen que el agua restante sea muy salada. Las fuentes termales volcánicas aportan más sustancias químicas y crean un corrosivo caldo alcalino de sal y sosa que quema como el ácido. Curiosamente, algunas formas de vida sobreviven, como los afloramientos de unos microorganismos llamados espirulina. Esta atrae a bandadas de flamencos enanos, que usan su pico especialmente adaptado para filtrarla del agua. Comen tal cantidad que sus plumas se tiñen de rosa.

DE UN VISTAZO

- **LOCALIZACIÓN** Este del valle del Rift, Tanzania septentrional, África
- **LONGITUD** 57 km
- **ANCHURA** 22 km
- **ESTACIÓN** El lago se vuelve rojo en la estación seca, entre junio y octubre

DATOS Y CIFRAS

El lago debe su nombre al natrón, un depósito de sal (carbonato de sodio hidratado) que queda cuando el agua del lago se evapora.

LAGO ALCALINO

Con un pH en torno al 12, la alcalinidad es tan fuerte como la de un limpiador de horno.

DISEÑO

Los depósitos de sal alcalina forman un diseño entrecruzado característico en el lago.

TEMPERATURA

La temperatura del agua puede alcanzar los 60 °C.

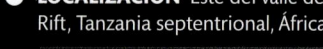

°C   20   40   60   80

PROFUNDIDAD

EL LAGO MÁS CÁUSTICO DEL MUNDO

ISLA ROJA

Miles de flamencos buscan espirulina roja en el agua cáustica del lago Natron. La piel escamosa de sus patas les protege de la sosa cáustica. Dicha sosa ahuyenta a los depredadores y, gracias a ello, el lago es el principal lugar de cría de los flamencos enanos en África.

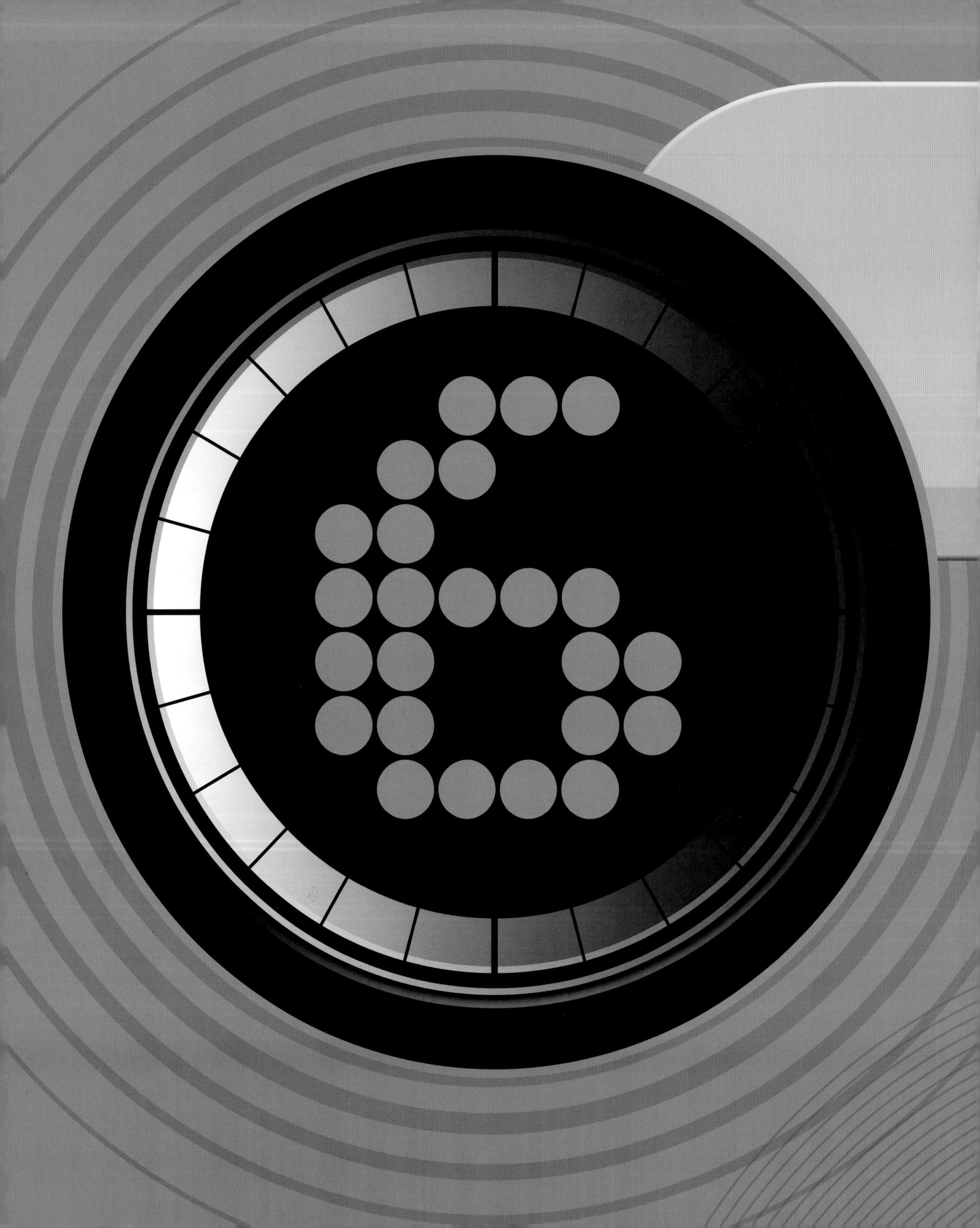

CLIMA EXTREMO

Pocos fenómenos muestran mejor el poder de la naturaleza que una gran tormenta. La energía destructiva que puede desatar un huracán o un tornado es tremenda y una sola nube tempestuosa puede contener agua suficiente para inundar toda una ciudad.

FULMINANTE
TORMENTA ELÉCTRICA

La humedad que se evapora del suelo caliente puede formar enormes nubes de tormenta. El aire húmedo que asciende por la nube genera intensas corrientes ascendentes que hacen que las gotas de agua y los cristales de hielo se muevan arriba y abajo. Eso produce electricidad estática en la nube, cargándola como si fuera una batería gigante. Al final, la nube alcanza un voltaje enormemente alto que debilita la resistencia eléctrica del aire y leves rayos guía bifurcados se desplazan hacia el suelo. Cuando uno toca tierra, la descarga principal se lanza hacia el guía con un destello mucho más brillante y un ruidoso trueno.

GRAN NUBARRÓN

La mayoría de las nubes son poco profundas y flotan a distintos niveles. Pero los cumulonimbos ascienden desde cerca del suelo hasta la estratosfera, a 16 km sobre el nivel del suelo. A esta altura, las gotas heladas empiezan a desplazarse hacia los lados y crean la parte superior ancha característica de las nubes de tormenta.

DATOS Y CIFRAS

Las nubes de tormenta pueden formarse en cualquier sitio, pero son más frecuentes en los trópicos. En climas más fríos, son más comunes en verano, porque son alimentadas por el aire caliente.

CARGA ELÉCTRICA

La carga eléctrica del cumulonimbo puede superar los 100 millones de voltios.

FRECUENCIA

En cualquier momento, se producen unas 2000 tormentas en la Tierra.

AIRE CALIENTE

El aire que rodea la trayectoria del rayo alcanza unos 30 000 °C.

NUBE DE TORMENTA

Las tormentas causadas por una sola nube grande suelen durar menos de 30 min.

VELOCIDAD DEL RAYO

UNOS
355 000
KM/H

LA TEMPERATURA **MÁS ALTA** GENERADA EN LA TIERRA

RAYO

Los rayos centellean en el desierto de Arizona, EE UU, mientras la luz del sol que se filtra entre la lluvia crea un arcoíris. El intenso calor de los relámpagos puede provocar incendios en el seco terreno.

RAYO VOLCÁNICO

Cuando diminutas partículas cristalinas de roca volcánica salen de un volcán en erupción en una nube de ceniza, se rozan unas con otras y generan electricidad, igual que los cristales de hielo en una nube de tormenta. La carga eléctrica aumenta hasta que es liberada en forma de rayos, como estos del volcán japonés Sakurajima en enero de 2013.

ALERTA MÁXIMA
SUPERCELDA

Las tormentas más grandes e intensas se conocen como superceldas. El viento de gran altitud que sopla en una dirección distinta al viento de baja altitud interacciona con el aire ascendente caliente y húmedo creando un vórtice de aire que sube en espiral llamado mesociclón. A medida que el aire húmedo sube y se enfría en el vórtice arremolinado, el vapor de agua se condensa en gigantescas nubes giratorias que suelen dar lluvias torrenciales y granizo gigante que puede romper cristales y causar lesiones graves. Algunas superceldas producen tornados muy destructivos.

GRANIZO GIGANTE

Los potentes vórtices que crean las nubes de tormenta arrojan los cristales de hielo arriba y abajo, añadiendo capa sobre capa de hielo hasta formar piedras de granizo. En las superceldas, los vórtices de aire son tan extremos que pueden producir pesadas piedras de granizo como el puño de una persona. Caen al suelo a gran velocidad, por lo que son muy peligrosas.

DATOS Y CIFRAS

Las gigantescas superceldas son especialmente comunes en Norteamérica, pero pueden producirse en cualquier lugar del mundo.

SUPERCELDA

Una supercelda puede medir más de 15 km de alto.

PIEDRA DE GRANIZO

Las piedras de granizo pueden llegar a medir 20 cm de ancho y pesar 1 kg.

VELOCIDAD DEL VIENTO

La velocidad del viento a nivel del suelo de las superceldas puede alcanzar los 148 km/h.

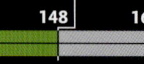

| km/h | 112 | 130 | 148 | 166 |

DIÁMETRO

UNOS 40 KM

PELIGRO INMINENTE

Un diluvio de agua y granizo se precipita desde la supercelda sobre las vastas praderas de Montana, EE UU. Estas tormentas son un fenómeno habitual en las llanuras del Medio Oeste.

TORBELLINO MORTAL
TORNADO

Una supercelda puede desencadenar el fenómeno meteorológico más temido: un tornado. Su columna de aire gira violentamente y se extiende desde la base de la supercelda hasta el suelo. Concentra la mayor parte de la energía de la tormenta en una zona pequeña y genera vientos fortísimos que giran alrededor de un centro de presión atmosférica extremadamente baja que actúa como un aspirador gigante que eleva el polvo y los escombros. Algunos tornados son lo suficientemente fuertes como para derruir casas, volcar camiones y hacer descarrilar trenes. Cualquiera que se cruce en su camino será muy afortunado si sobrevive.

RASTRO ASOLADO

Los tornados asolan zonas pequeñas, pero dejan una estela de destrucción por donde pasan, como en Illinois, EE UU, en 2013. Las casas que se encontró el tornado a su paso quedaron completamente destruidas, mientras que a ambos lados de la tormenta todo quedó intacto.

DATOS Y CIFRAS

Hay tornados en todo el mundo, pero son más frecuentes en los estados del Medio Oeste de EE UU, por los que se extienden las Grandes Llanuras. Los tornados que se forman sobre el agua se llaman trombas de agua.

FUERZA DE ROTACIÓN

El viento giratorio aspira todo lo que encuentra a su paso y lo deja caer a muchos kilómetros de distancia.

VELOCIDAD DEL VIENTO

CALLEJÓN DE LOS TORNADOS

Cada año hay unos 1200 tornados en EE UU, la mayoría en la zona conocida como Callejón de los Tornados.

La velocidad del viento puede superar los 500 km/h.

km/h	400	500
	250	310

DESTRUCTOR

Aquí vemos un tornado, uno de los 14 que asolaron las Grandes Llanuras de Colorado, EE UU, un mismo día en junio de 2015. La tierra y el polvo se arremolinaron y fueron arrastrados hacia el cielo, pero los edificios de la granja quedaron intactos.

LLUVIA VIOLENTA
MICRORRÁFAGA

Las fuertes corrientes ascendentes de aire cálido y húmedo forman nubes de tormenta gigantes. A medida que el aire caliente sube por el centro, el aire frío baja por otras partes de la nube. La lluvia y el granizo pueden enfriar el aire descendiente aún más y hacer que aumente de peso y que caiga cada vez más rápido, como una avalancha. Esto se conoce como microrráfaga, o bomba de lluvia. Al chocar con el suelo, el aire frío se aleja del punto de impacto a gran velocidad en forma de potentes vientos, que causan graves daños. Las microrráfagas pueden ser tan violentas que se confunden con tornados.

DILUVIO SÚBITO

La lluvia torrencial que cae de una enorme nube de tormenta puede hacer que los ríos y los arroyos se desborden e inunden carreteras y ciudades. Estas inundaciones repentinas pueden arrasar puentes, destruir edificios, destrozar coches y obligar a cientos de personas a abandonar sus casas.

DATOS Y CIFRAS

Una microrráfaga la causa una corriente descendente de aire frío que hace que los vientos soplen hacia fuera. Es lo opuesto a un tornado, pero puede ser casi igual de destructiva.

DURACIÓN

Una microrráfaga puede durar desde unos segundos hasta varios minutos.

AGUACERO

Una nube grande puede llegar a liberar hasta 275 000 t en una lluvia torrencial.

VELOCIDAD DEL VIENTO

Una microrráfaga puede generar vientos de más de 270 km/h.

km/h	170	220	270	320

DIÁMETRO

UNOS
4 KM

CAÍDA FATAL

La lluvia, el granizo y el aire frío se precipitan hacia el suelo en esta espectacular microrráfaga en Phoenix, Arizona, EE UU. Microrráfagas parecidas han provocado accidentes mortales en aviones que estaban aterrizando.

TORMENTA FEROZ
HURACÁN

En las regiones tropicales cercanas al ecuador, se forman grandes tormentas llamadas huracanes sobre el océano calentado por el sol. El aire cálido y húmedo se eleva desde el mar y forma gigantescas nubes de tormenta. El centro de la tormenta aspira el aire circundante formando un huracán en espiral, que genera vientos huracanados y enormes olas.

El ojo del huracán

El aire aspirado por el huracán se va acelerando a medida que se acerca al centro, pero el ojo del huracán está curiosamente tranquilo. Mientras tanto, la humedad que asciende desde el mar cálido forma imponentes paredes en espiral que son más altas alrededor del ojo. Una cubierta de finas nubes se desparrama desde la parte superior de las nubes más altas, mientras una lluvia torrencial cae sobre el mar que hay debajo.

LAS MAYORES
TORMENTAS DE LA TIERRA

La nube alta se desparrama en dirección contraria a la espiral de nubes bajas.

El aire que sale crea una cubierta en espiral de finos y gélidos cirros.

El aire que ha ascendido hasta la parte superior del huracán se desplaza hacia fuera sobre la tormenta.

El mar debe tener al menos 60 m de profundidad para que se produzca una tormenta tropical.

DATOS Y CIFRAS

Los huracanes se forman en el océano Atlántico tropical y en el Pacífico oriental. En el Índico y en el Pacífico meridional estas tormentas se llaman ciclones tropicales, mientras que en el Pacífico noroeste se conocen como tifones.

VELOCIDAD DEL VIENTO

La velocidad del viento puede llegar a 346 km/h, bastante para destruir los edificios.

ALTURA DE LA MAREJADA CICLÓNICA

Una marejada ciclónica puede elevarse más de 8 m sobre el nivel habitual del mar.

TAMAÑO DEL HURACÁN

Un huracán puede llegar a medir 2220 km de ancho, tanto como la mitad de EE UU.

DURACIÓN

Un huracán puede durar hasta un mes en alta mar, viajando relativamente lento, a unos 24 km/h.

HURACANES AL AÑO

UNOS
85
EN TODO EL MUNDO

El aire que gira hacia el centro del huracán se eleva sobre el cálido océano, formando franjas de nubes de tormenta en espiral.

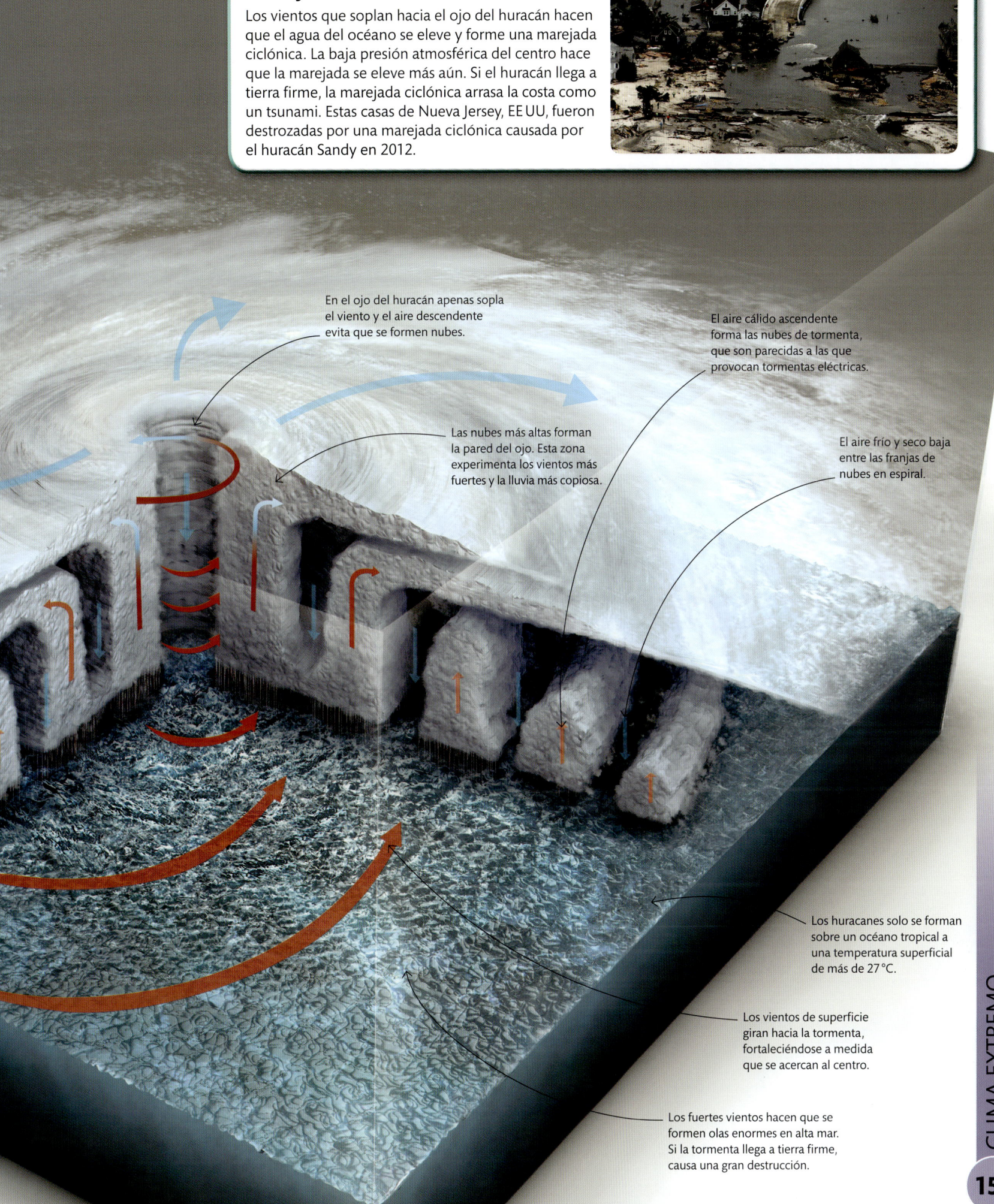

MAREJADA CICLÓNICA

Los vientos que soplan hacia el ojo del huracán hacen que el agua del océano se eleve y forme una marejada ciclónica. La baja presión atmosférica del centro hace que la marejada se eleve más aún. Si el huracán llega a tierra firme, la marejada ciclónica arrasa la costa como un tsunami. Estas casas de Nueva Jersey, EE UU, fueron destrozadas por una marejada ciclónica causada por el huracán Sandy en 2012.

En el ojo del huracán apenas sopla el viento y el aire descendente evita que se formen nubes.

El aire cálido ascendente forma las nubes de tormenta, que son parecidas a las que provocan tormentas eléctricas.

Las nubes más altas forman la pared del ojo. Esta zona experimenta los vientos más fuertes y la lluvia más copiosa.

El aire frío y seco baja entre las franjas de nubes en espiral.

Los huracanes solo se forman sobre un océano tropical a una temperatura superficial de más de 27 °C.

Los vientos de superficie giran hacia la tormenta, fortaleciéndose a medida que se acercan al centro.

Los fuertes vientos hacen que se formen olas enormes en alta mar. Si la tormenta llega a tierra firme, causa una gran destrucción.

HURACÁN MATTHEW

Un satélite de seguimiento de tormentas captó esta imagen del huracán Matthew a principios de octubre de 2016, cuando se intensificó y alcanzó la categoría 5. El ojo del huracán puede verse en el centro de la espiral formada por imponentes nubes de tormenta. El 4 de octubre, el huracán se desplazó hacia el norte atravesando la isla de Haití, causando graves daños y hasta 1600 muertos, para luego provocar estragos en el sudeste de EE UU.

CUBIERTO DE HIELO
TORMENTA HELADA

En el aire el agua suele congelarse a 0 °C, pero necesita algo sobre lo que congelarse, como las partículas de polvo que le permiten formar los copos de nieve. Si el aire es muy puro, el agua del aire puede helarse muy por debajo del punto de congelación habitual. Si el agua superfría toca algo frío, se congela casi al instante y crea gruesas capas de hielo. Estas tormentas heladas pueden cubrir árboles, edificios e incluso vehículos con una capa de hielo tan pesada que puede destrozarlos y es capaz de causar más daños que los vientos de un huracán.

CONGELADO

En 2005 estos coches aparcados junto al lago de Ginebra, en Suiza, se helaron por completo. Ocurrió cuando unos vientos muy fríos lanzaron agua fuera del lago. Otras veces las tormentas heladas las causa la lluvia helada, es decir, gotas de agua superfrías que se congelan al caer sobre una superficie helada.

CASA HELADA

El invierno de 2014, el agua superfría del lago Michigan, EE UU, se heló sobre un faro creando esta curiosa estampa. El agua suele gotear antes de congelarse y forma unos espectaculares carámbanos.

DATOS Y CIFRAS

Una tormenta helada no es un fenómeno violento y ventoso. Suele ser silenciosa y nocturna. El hielo se va acumulando y forma una gruesa capa que puede paralizar toda una ciudad durante muchas semanas.

RIESGO DE HELADA

Algunas duran solo unas horas, bastante para convertir los árboles y los coches en estatuas de hielo.

SUMINISTRO ELÉCTRICO

En 1998, en Canadá, 3 millones de personas quedaron 6 semanas sin electricidad.

ACUMULACIÓN DE HIELO

En una tormenta helada pueden acumularse hasta 20 cm de hielo.

cm 5 10 15 20

COLUMNA DE LLAMAS
DEMONIO DE FUEGO

Cuando un incendio se descontrola en algún lugar seco y cálido, el intenso calor crea fuertes corrientes ascendentes que aspiran todo el aire circundante. El oxígeno del aire hace que el fuego arda con mayor violencia, absorba más aire y empiece a subir en espiral formando una columna de llamas que se conoce como demonio de fuego. Es como un tornado de fuego en miniatura y puede dejar un reguero de destrucción y dispersar escombros ardientes por una amplia zona, provocando nuevos incendios y demonios de fuego.

TORMENTA ÍGNEA

Un incendio muy grande puede crear una corriente ascendente tan potente que el humo y el vapor de agua acaban formando una nube gigante llena de humo, un pirocumulonimbo. Estas nubes pueden girar transformándose en superceldas y a veces en tornados. Como demonios de fuego gigantes, destruyen todo lo que encuentran a su paso.

DATOS Y CIFRAS

La mayoría de las veces son locales y duran solo unos minutos. Los demonios de fuego gigantes, que se convierten en superceldas o tornados, solo pueden generarlos grandes incendios, y resultan muy inusuales.

ALTURA

Los demonios de fuego suelen medir entre 2 y 10 m de altura.

DEMONIO DE FUEGO LETAL

En 1923, un tornado de fuego mató a 38 000 personas en 15 minutos en Tokio, Japón.

TEMPERATURA

La temperatura dentro de un demonio de fuego puede superar los 1000 °C.

°C   500   1000

LÍNEA DE FUEGO

Este demonio de fuego se formó a partir de un incendio que arrasó el sur de California, EE UU, en 2016. El fuego quemó más de 150 km^2 y destruyó más de 100 casas.

SUPERCARGADO

El resplandeciente velo verde de esta aurora lo crean unas partículas cargadas de la atmósfera al chocar con el oxígeno, a unos 200 km del suelo. El tono rojo carmesí se debe a la presencia de partículas de nitrógeno.

ESPECTÁCULO DE LUCES
AURORA BOREAL

Cuando cae la noche en el norte polar, en el cielo aparecen a menudo bandas relucientes de vivos colores. Este espectacular efecto se llama aurora boreal, o Luces del Norte. Este fenómeno se produce cuando unas partículas procedentes del Sol que están cargadas eléctricamente son desviadas hacia el Polo Norte por el campo magnético de la Tierra. Las partículas chocan con las partículas de gas del aire, energizándolas hasta tal punto que brillan. El color depende de la altitud a la que se produce el choque y del tipo de gas.

AURORA AUSTRAL

Las partículas cargadas que fluyen hacia el Polo Sur crean las auroras australes (Luces del Sur), como estas, vistas desde el espacio. Al producirse sobre la Antártida, las auroras australes normalmente solo pueden verse desde los barcos que navegan por el océano Glacial Antártico, pero a veces son visibles desde el sur de Nueva Zelanda, Tasmania y el extremo sur de Sudamérica.

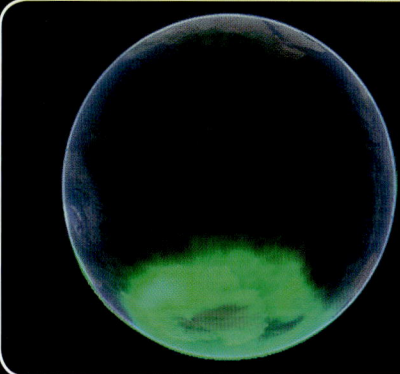

DATOS Y CIFRAS

Las auroras suelen empezar como un arco bajo de color verde claro que poco a poco se vuelve más grande y más intenso. Luego aparecen otros colores, como el azul, el violeta y el rojo. Puede durar unos minutos o varias horas.

MAL PRESAGIO

Antiguamente, las auroras sobre Europa se consideraban un mal presagio.

EN EL ESPACIO

Las auroras se producen también en otros planetas, como Júpiter y Saturno.

ALTITUD

El espectáculo de luces puede extenderse hasta 300 km por la atmósfera.

km	100	200	300	400

CLIMA EXTREMO

EMPAPADO

Un granjero de Odisha, en la India oriental, empuja su bicicleta cargada de cultivos bajo el diluvio, totalmente empapado. Todos los años a mediados de junio las nubes del monzón cubren el cielo de Odisha, poniendo fin a varias semanas de sequía y de un calor abrasador.

DILUVIO
MONZÓN SUDASIÁTICO

Todos los veranos, el subcontinente indio experimenta varios meses de lluvias intensas. A finales de verano deja de llover y pueden seguir unos meses de sequía. Luego regresa la lluvia. El responsable es un cambio del viento estacional llamado monzón. En invierno, el aire frío y seco desciende sobre Asia central y se desplaza hacia el sur a través de la India. Pero en verano Asia se calienta, así que el suelo calienta el aire, que asciende y atrapa el aire cálido y húmedo procedente del océano Índico tropical. Como consecuencia se forman enormes nubes negras, que provocan lluvias torrenciales en la India y los países vecinos. La lluvia es especialmente intensa porque el sol está justo encima en verano, lo que provoca una fuerte evaporación del agua del océano.

INUNDACIÓN

La lluvia del monzón es vital para los granjeros de Asia y su llegada suele ser motivo de celebración. Pero la intensa lluvia hace que crezcan los ríos y que se desborden, especialmente los ríos que proceden de las altas montañas. Eso puede provocar inundaciones catastróficas en las regiones bajas, como Bangladés.

DATOS Y CIFRAS

Las fuertes lluvias y las inundaciones del monzón del sur de Asia afectan a muchos países asiáticos, desde Pakistán, India y Bangladés hasta Tailandia y Vietnam.

PEORES CONSECUENCIAS

10 millones de personas perdieron su hogar en 1997 por la inundación monzónica en Bangladés.

MONZÓN DE LA INDIA

El monzón de verano es el responsable del 80 % de la lluvia en la India.

LLUVIAS

Las lluvias del monzón avanzan a un ritmo de unos 100 km al día.

km	50	100	150

NUBE DE POLVO ASFIXIANTE
TORMENTA DE POLVO

En las regiones de clima muy seco, el viento puede arrastrar pequeñas partículas de tierra seca y levantarlas en grandes nubes. En los desiertos de Arabia y el norte de África, el fenómeno se conoce como tormenta de arena, pero los granos de arena pesan demasiado para que el viento los levante a mucha distancia del suelo; la nube está formada en su mayor parte por polvo fino que bloquea la luz del sol. Una tormenta de polvo puede destruir las tierras de cultivo. Si la nube desciende hacia lugares habitados puede tener efectos letales, ya que el aire lleno de polvo puede asfixiar a la gente.

TIERRA DE POLVO

En China oriental, hay una zona del tamaño de Francia cubierta por una gruesa capa de fino sedimento amarillento llamado loess. Fue arrastrado hasta allí por enormes tormentas de polvo en un pasado lejano y actualmente origina numerosas tormentas de polvo. Es asimismo responsable del agua amarillenta que alimenta el río Amarillo.

DATOS Y CIFRAS

Las tormentas de polvo son más frecuentes en el norte de África y en Arabia, pero también pueden producirse en Australia, China e incluso en las praderas de Norteamérica.

PARED DE POLVO

La pared de polvo de una tormenta puede llegar a medir hasta 1,6 km de alto.

POLVO ASCENDENTE
El polvo puede ascender hasta 3 km de alto y desplazarse por todo el mundo.

VELOCIDAD DEL VIENTO

Hay tormentas de polvo que van acompañadas de vientos de hasta 100 km/h.

RIESGO DE POLVO
Algunas partes del norte de África experimentan 80 tormentas de polvo al año o más.

TORMENTA DEL DESIERTO

Una enorme pared de polvo se cierne sobre la ciudad de Kuwait. Estas tormentas de polvo son habituales en los desiertos, en los no hay apenas vegetación que mantenga unido el suelo y evite que se seque por el calor.

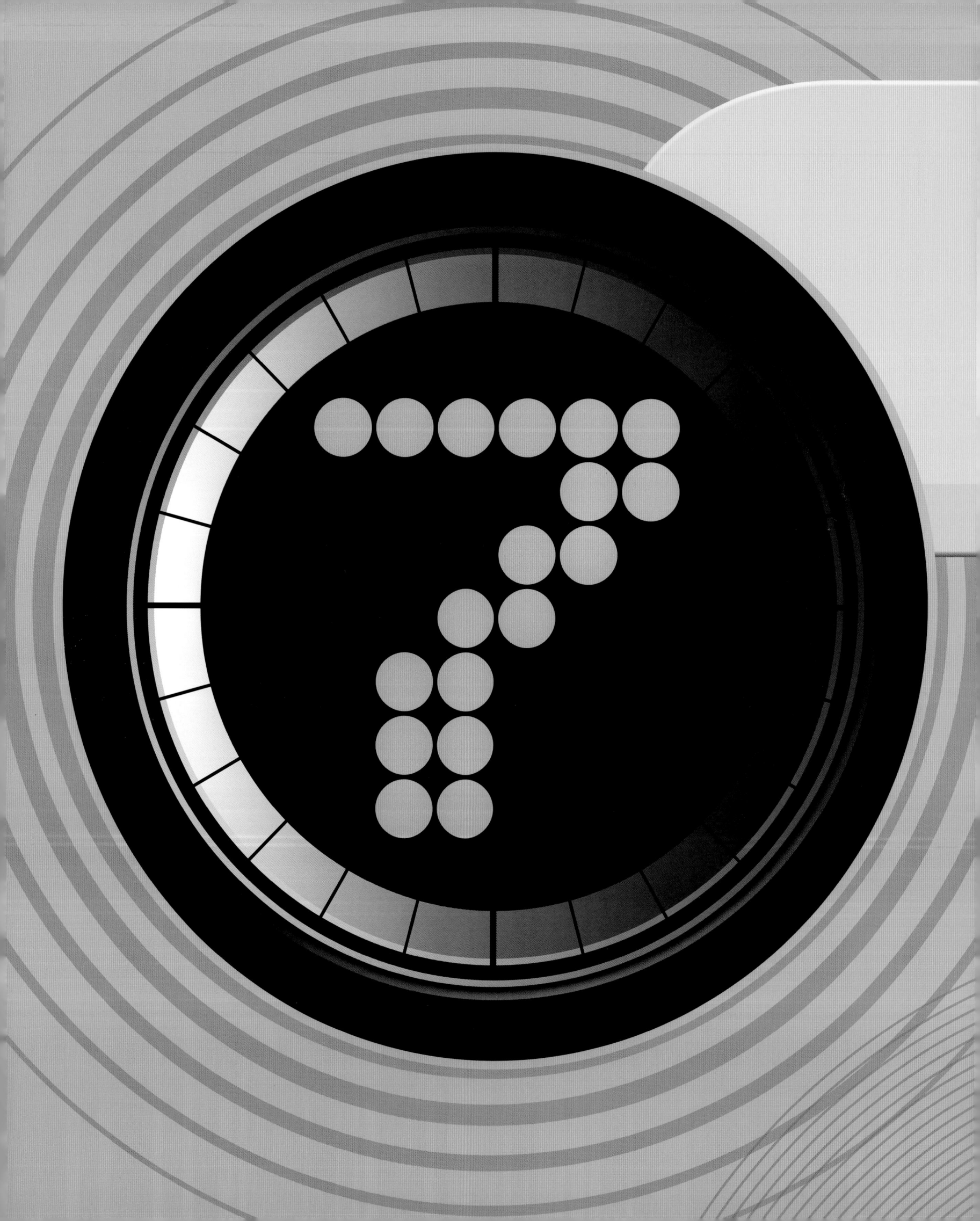

DESASTRES NATURALES

Todos los años, muchas zonas del mundo sufren importantes tormentas, erupciones volcánicas, incendios y otros desastres naturales. Algunos causan un caos casi absoluto, ya que destruyen ciudades enteras y provocan numerosas víctimas mortales.

ZONA PELIGROSA
TERREMOTO DE LAS FILIPINAS

Alrededor del océano Pacífico se vive bajo la amenaza constante de los terremotos, dado que el lecho oceánico se desplaza bajo los continentes vecinos. Las regiones más afectadas son las que están cerca de las profundas fosas oceánicas, especialmente en la zona con alto riesgo de terremotos conocida como el Cinturón de Fuego del Pacífico. Este incluye las Filipinas, que han sufrido más de 25 terremotos desde el año 2000. Solo en 2012 se produjeron 9 terremotos. La fractura repentina de la tierra genera ondas de choque que provocan el caos, destruyen comunidades enteras y se cobran muchas vidas.

DE UN VISTAZO

- **LOCALIZACIÓN** Negros, islas Filipinas, sudeste de Asia
- **MAGNITUD DEL TERREMOTO** 6,7
- **TIPO** Ruptura de una falla en la unión de varias placas tectónicas
- **FECHA** 6 de febrero de 2012

DATOS Y CIFRAS

La ubicación de las Filipinas, en el Cinturón de Fuego del Pacífico, hace que sufra muchos terremotos todos los años. La mayoría son meros temblores y los hay tan leves que apenas se notan. Pero cada pocos años, un terremoto catastrófico sacude la región.

SECUELAS

El terremoto de 2012 no fue el más letal, pero dejó a 23 500 personas sin hogar.

PROFUNDIDAD

El seísmo se produjo a 11 km bajo el suelo.

GRADO DEL TERREMOTO

En las Filipinas, el terremoto más fuerte registrado fue de magnitud 8,7.

1-4	5-7	8-10
Se capta pero sin daños	Algunos daños estructurales	Destrucción extrema

VIDAS DESTROZADAS
Un día después de que un terremoto asolara una isla central de Filipinas en febrero de 2012, unos lugareños avanzan por una carretera reducida a escombros. El terremoto provocó varios desprendimientos letales.

OLA MORTAL
TSUNAMI DE JAPÓN

El viernes 11 de marzo de 2011, a las 2.46 PM, parte del lecho oceánico del Pacífico se deslizó al menos 20 m al oeste bajo el centro de Japón, provocando un enorme terremoto. Cuando las rocas cedieron, parte del lecho marino se levantó unos 7 m, formando amplias olas superficiales que surcaron el océano hacia la costa este de Japón. Al llegar a aguas poco profundas, dichas olas disminuyeron la velocidad. Eso hizo que se fueran amontonando en unas paredes gigantescas de agua que se dirigieron hacia la costa en forma de tsunamis devastadores. Localidades costeras enteras fueron arrasadas y miles de personas murieron arrolladas y ahogadas a causa de la avalancha de agua y escombros.

DE UN VISTAZO

- **LOCALIZACIÓN** En la fosa de Japón, al norte de Honshu, Japón
- **MAGNITUD DEL TERREMOTO** 9,0
- **TIPO** Ruptura de una falla en el límite entre placas convergentes
- **ÁREA INUNDADA** 560 km²

DATOS Y CIFRAS

El tsunami fue mucho más destructivo que el terremoto que lo causó. Las olas se desplazaron por el Pacífico, llegando a Alaska, Hawái, Chile e incluso la Antártida.

CAMBIO BRUSCO

La principal isla de Japón, Honshu, se desplazó hacia el este 2,4 m a causa del terremoto.

ESCOMBROS FLOTANTES

Se estima que fueron arrastrados al mar 5 millones de toneladas de escombros.

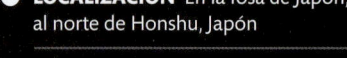

DESTRUCCIÓN

Las olas del tsunami provocaron daños hasta 39 m sobre el nivel del mar.

TERREMOTO SUBMARINO

La fractura del lecho marino medía unos 500 km de largo.

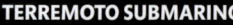

ALTURA DE LA OLA COSTERA

HASTA
10
M

CAOS TOTAL

La avalancha de agua se llevó por delante todo aquello que encontró a su paso: casas, coches e incluso barcos. Solo los edificios de hormigón más sólidos se mantuvieron en pie, pues la mayoría quedaron reducidos a escombros.

EL DESASTRE
NATURAL MÁS COSTOSO

AVALANCHA DE FUEGO

POMPEYA

El monte Vesubio, en Italia, es uno de los volcanes más peligrosos del mundo. Así lo demostró hace casi 2000 años, cuando una erupción explosiva lanzó una gran nube de ceniza y gas volcánico al cielo. Mientras la gente corría intentando salvarse, partes de la nube de ceniza se desplomaron y cayeron por las pendientes en avalanchas de rocas y gases letales. Estos flujos piroclásticos arrollaron las ciudades de Pompeya y Herculano, aniquilando a miles de personas en segundos y sepultándolas bajo gruesas capas de ceniza.

DE UN VISTAZO

- **LOCALIZACIÓN** Cerca de Nápoles, en el sur de Italia
- **TIPO DE VOLCÁN** Estratovolcán
- **FECHA DE LA ERUPCIÓN** 79 d. C.
- **TIPO DE ERUPCIÓN** Explosiva, con flujos piroclásticos

DATOS Y CIFRAS

En Pompeya se han hallado los restos sepultados de unas 1500 personas. Los cuerpos dejaron cavidades en la ceniza, que los encargados de la excavación han usado como moldes.

MONTE VESUBIO

Desde el 79 d. C., el monte Vesubio ha erupcionado unas 36 veces.

SEPULTADO EN CENIZA

Los animales también quedaron sepultados en la ceniza, como el perro de una casa.

TEMPERATURA

°C 100 200 300

Los flujos piroclásticos de gas y roca alcanzaron temperaturas de hasta 300 °C.

LA NUBE DE CENIZA MEDÍA

HASTA 30 KM DE ALTO

AMENAZA OSCURA

El cráter del monte Vesubio se cierne sobre las ruinas de Pompeya, extraídas de cenizas volcánicas de 25 m de grosor. Toda la ciudad fue arrasada por la erupción y la mayoría de sus ciudadanos murieron. Si el volcán vuelve a entrar en erupción, la actual ciudad de Nápoles podría correr la misma suerte.

EXPLOSIÓN
MONTE PINATUBO

Algunos volcanes emiten humo y fuego con frecuencia; otros permanecen inactivos, van aumentando la presión a lo largo de los siglos y luego estallan produciendo explosiones altamente destructivas, como el monte Pinatubo de las Filipinas. En 1991, tras 600 años en calma, este volcán conmocionó las islas con una serie de erupciones que lanzaron una gran nube de ceniza y gas hacia la atmósfera. El dióxido de azufre se mezcló con el agua del aire creando enormes cantidades de ácido sulfúrico, que se extendió por todo el planeta en forma de niebla ácida y atenuó el sol durante más de 2 años. Mientras tanto, la ceniza que se posó alrededor del volcán asfixió el paisaje con un fantasmagórico velo blanco.

DE UN VISTAZO

- **LOCALIZACIÓN** Luzón, Filipinas
- **TIPO DE VOLCÁN** Estratovolcán
- **TIPO DE ERUPCIÓN** Explosiva, ultrapliniana
- **VOLUMEN DE CENIZA EMITIDA** Como mínimo 10 km³

DATOS Y CIFRAS

La erupción de 1991 del monte Pinatubo fue la más destructiva desde la del Krakatoa de 1883 en las Indias Orientales Neerlandesas (actual Indonesia). Se estima que murieron solo 847 personas gracias a que se evacuó a 20 000 habitantes de la zona.

ERUPCIÓN EXPLOSIVA

La erupción fue 10 veces mayor que la de 1980 del Monte Santa Helena, EE UU.

EFECTO GLOBAL

La niebla ácida redujo la cantidad de luz solar, lo que redujo en 0,5 °C la temperatura.

NUBE DE CENIZA

La nube de ceniza volcánica alcanzó los 34 km de altura.

km	10	20	30	40

LA ERUPCIÓN MÁS EXPLOSIVA DEL SIGLO XX

NUBE LETAL

Las avalanchas de ceniza y gas caían por los flancos del volcán, inundando los valles fluviales y amenazando con arrollar a estas personas que trataban de salvarse. Milagrosamente, consiguieron escapar.

TRAS LA EXPLOSIÓN

Antes de la erupción catastrófica de 1991, el monte Pinatubo era un pico escarpado cubierto por un tupido bosque tropical. La erupción vació la cámara magmática situada bajo el volcán, lo que hizo que la mayor parte del pico se desplomara en el espacio vacío de debajo. Eso formó un cráter gigante, una caldera, que no tardó en llenarse de agua creando el lago Pinatubo.

LA PEOR TORMENTA DE FUEGO DE AUSTRALIA

INFIERNO

En el apogeo del incendio, las llamas alcanzaron 100 m de altura. El calor era tan intenso que los árboles empezaban a arder antes de que el fuego los alcanzara. El cuerpo de bomberos se vio desbordado por el infierno.

FUEGO SALVAJE
INCENDIOS FORESTALES EN VICTORIA

Todos los años, **los incendios forestales** arrasan bosques. Forman parte de los ciclos naturales, pero algunos pueden convertirse en infiernos virulentos. El sábado 7 de febrero de 2009, el clima extremadamente caluroso, seco y ventoso del estado australiano de Victoria provocó varios incendios que ardieron sin control durante días. En una zona cercana a Melbourne, el intenso calor creó potentes corrientes ascendentes que absorbieron más aire, avivando los incendios. Redujeron a cenizas ciudades enteras. Destrozaron miles de casas y aniquilaron a muchas personas.

DE UN VISTAZO

- **LOCALIZACIÓN** Victoria, sudeste de Australia
- **ESTACIÓN** Pleno verano
- **CAUSA** Récord de calor y humedad muy baja, además de fuertes vientos
- **NÚMERO DE INCENDIOS** 400 como mínimo

DATOS Y CIFRAS

Se producen incendios en todo el mundo, pero los incendios forestales de Victoria fueron especialmente destructivos. Se quemaron unos 4500 km².

BOMBEROS

Alrededor de 5000 bomberos lucharon contra el fuego.

DESTRUCCIÓN

Más de 2000 casas quedaron destruidas por las llamas.

CALOR LETAL

En algunos sitios, el calor podía matar a cualquiera que estuviera a menos de 300 m.

m	100	200	300	400

PERDIERON SU HOGAR

7562 PERSONAS

OLA CICLÓNICA
HURACÁN KATRINA

Todos los veranos se forman huracanes en las zonas tropicales del Atlántico Norte que luego se desplazan al oeste, hacia América. En agosto de 2005 el quinto huracán de la temporada, el Katrina, viró hacia el norte sobre el golfo de México y se dirigió directamente hacia la mayor ciudad de la región, Nueva Orleans. La fuerza de la tormenta había hecho que se elevara una gran cantidad de agua oceánica, creando una marejada ciclónica 8,5 m más alta que el nivel normal del mar. Rematada por olas enormes empujadas hacia tierra firme por el viento, atravesó las defensas como un tsunami. La mayor parte de la ciudad se inundó, barrios enteros quedaron reducidos a escombros y cientos de personas se ahogaron.

DE UN VISTAZO

- **LOCALIZACIÓN** Nueva Orleans, Luisiana, EE UU
- **FECHA** 29-30 de agosto de 2005
- **FUERZA DEL HURACÁN** Categoría 5, pasando a categoría 3 al tocar tierra
- **VELOCIDAD DEL VIENTO** Más de 200 km/h

DATOS Y CIFRAS

El huracán Katrina fue uno de los cinco más letales de la historia de EE UU. Dos tercios de las víctimas murieron por la inundación de la marejada ciclónica.

VELOCIDAD DEL VIENTO
La velocidad del viento más alta registrada fue de 280 km/h.

AGUA TIERRA ADENTRO
El agua fue arrastrada hasta 20 km tierra adentro.

PROFUNDIDAD DE LA INUNDACIÓN
El 80 % de Nueva Orleans quedó inundado, con niveles de agua de más de 6 m.

m   2   4   6

COSTE ECONÓMICO
108 000
MILLONES DE
DÓLARES

CIUDAD SUBMARINA

Durante la calma que sigue a la tormenta, Nueva Orleans se transformó en un lago gigante. Más de 1 millón de personas perdieron su hogar y 5 millones se quedaron sin electricidad.

SEQUÍA Y HAMBRUNA
SEQUÍA DEL SAHEL

Muchos países tropicales tienen una estación seca y otra lluviosa que se alternan, así que cuentan con los cultivos que pueden cultivar los meses lluviosos. Pero a veces no llueve, la tierra se convierte en polvo y la cosecha se pierde. Las peores sequías de este tipo se han producido en el Sahel, en el límite sur del desierto del Sáhara, en África. Algunas han durado muchos años: las reservas de agua se agotan y los cultivos se secan en los campos, los animales de granja mueren y las personas pasan hambre. Estas hambrunas podrían ser cada vez más frecuentes, ya que el cambio climático hace que las lluvias estacionales sean incluso menos fiables.

DE UN VISTAZO

- **LOCALIZACIÓN** Sur del Sáhara, desde el Atlántico hasta el mar Rojo
- **ÁREA** 3 millones de km²
- **POBLACIÓN AFECTADA** 15 millones
- **SEQUÍA RECIENTE MÁS LARGA** De 1968 a 1974

DATOS Y CIFRAS

Hay sequías en casi cualquier lugar del mundo, pero son más graves en los países más pobres de los trópicos, donde las personas corren el riesgo de padecer una hambruna. A menudo se ven obligadas a depender de ayuda humanitaria para sobrevivir.

DESASTRE

La sequía entre 1960 y 1980 afectó a la mayor parte de los 50 millones de habitantes de la zona del Sahel.

LLUVIA

En el área del Sahel llueve menos de 10 cm al año.

TEMPERATURA

La temperatura es clave en la sequía. El 25 de junio de 2010 se alcanzaron los 49,6 °C en Sudán, Sahel oriental.

| °C | 10 | 20 | 30 | 40 | 50 |

SECO COMO EL POLVO
Esta extensión de barro cocido antaño fue un lago, pero los meses de sequía lo han convertido en un árido terreno baldío. Es posible que haya agua a mucha profundidad, pero si no llueve podría convertirse en un desierto.

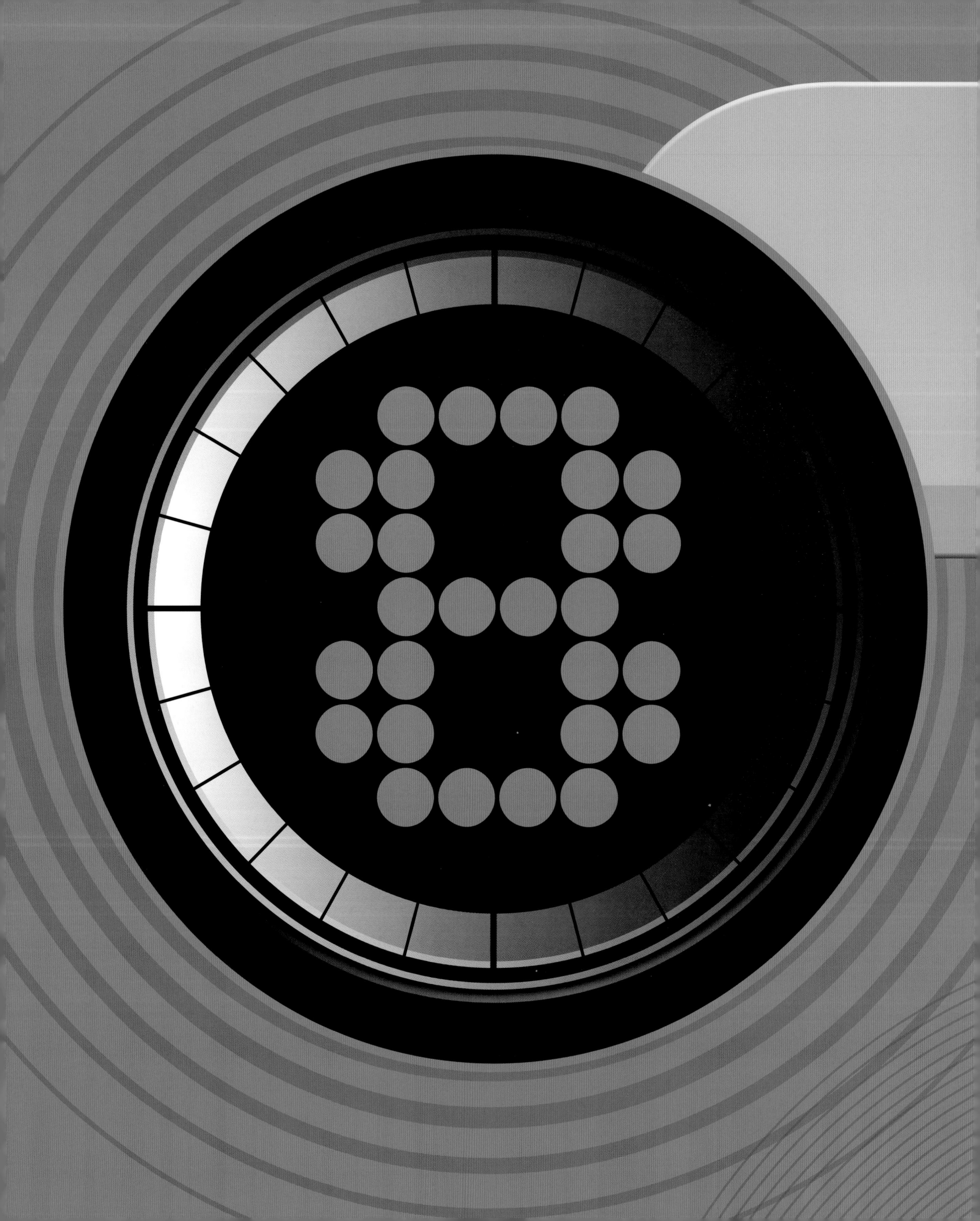

TIERRA VIVA

La Tierra es el único planeta del sistema solar que reúne las condiciones necesarias para la vida. Sus continentes y sus océanos albergan una gran variedad de seres, desde bacterias microscópicas hasta ballenas gigantescas y árboles imponentes. Cada zona es el hogar de una combinación de animales y plantas que se han adaptado para vivir en su hábitat específico.

VIDA EXUBERANTE

La bruma que desprenden las hojas bajo el sol de la mañana se eleva por el frondoso bosque tropical de Borneo. La mayor parte de la bruma formará nubes que producirán lluvia, así que, hasta cierto punto, el bosque húmedo tropical es responsable de su propio clima.

EL HÁBITAT TERRESTRE DE MAYOR RIQUEZA

PARAÍSO VIBRANTE
BOSQUE TROPICAL

Los bosques húmedos tropicales son los hábitats salvajes más ricos, ya que albergan grandes cantidades de una asombrosa variedad de plantas y animales. Estos bosques prosperan en climas con calor constante y lluvias diarias, que permiten que los árboles y el resto de las plantas crezcan, florezcan y den frutos todo el año, y que a los animales no les falte el alimento. Muchos animales pasan la mayor parte de su vida en el dosel arbóreo, incluidos grupos de monos que se desplazan por las copas de los árboles en busca de árboles frutales, ranas arborícolas que se alimentan de insectos y osos perezosos que comen hojas. Incluso plantas pequeñas como las orquídeas se aferran a las ramas para captar la luz del sol.

ALREDEDOR DEL MUNDO

Los bosques húmedos tropicales crecen alrededor del ecuador. Solo cubren el 6 por ciento del planeta, pero albergan más de la mitad de las plantas y los animales del mundo. El más grande de la Tierra está en la cuenca del Amazonas, en Sudamérica. Por el norte se extiende hasta América Central.

AMÉRICA DEL NORTE · EUROPA · ASIA · ÁFRICA · Ecuador · AMÉRICA DEL SUR · AUSTRALASIA

ESTRATOS DEL BOSQUE

El bosque húmedo tropical está formado por cuatro niveles. El suelo del bosque recibe muy poca luz y sustenta un estrato de plantas por el que los animales grandes pueden moverse con facilidad. Un sotobosque de plantas más altas crece bajo el dosel arbóreo. Los árboles emergentes más altos sobresalen sobre el dosel.

- ZONA EMERGENTE
- DOSEL
- SOTOBOSQUE
- SUELO DEL BOSQUE

VIDA EN LAS LLANURAS

Los vastos pastizales del
Serengeti, en África oriental,
están salpicados de acacias
altísimas, que están preparadas
para sobrevivir a las sequías
de la estación seca tropical.
Su follaje es el alimento
preferido de los elefantes
africanos que vagan por las
llanuras herbáceas.

PASTIZAL TROPICAL
SABANA

Muchas regiones tropicales son demasiado secas como para que crezcan densos bosques. En ellas crecen sabanas herbáceas. En algunas hay muchos árboles, pero las sabanas más secas son vastas praderas de hierba con algunos árboles dispersos. En África, estos pastizales sustentan grandes rebaños de animales pastoreadores. La hierba se marchita y a menudo se quema durante la estación seca tropical, obligando a los animales a migrar en busca de alimento. Pero con la llegada de la estación lluviosa, la hierba vuelve a brotar y los rebaños regresan.

ALREDEDOR DEL MUNDO

Los pastizales de la sabana se dan en los trópicos, cerca del ecuador, pero lejos de las zonas de muchas precipitaciones donde crecen bosques tropicales. Estas llanuras herbáceas con algunos árboles resistentes a la sequía, como las acacias y los baobabs, son más extensas en África, pero también se dan en Sudamérica, partes de la India y el norte de Australia.

NINGÚN ESCONDITE

Los animales que pastan por la sabana africana son cazados por poderosos depredadores, como este león. Dado que en las llanuras abiertas no hay donde esconderse, la mayoría de los animales pastoreadores han desarrollado la habilidad de correr rápido a fin de escapar de sus enemigos. Pero los cazadores también son veloces, y pueden ocultarse y atacar por sorpresa.

DEPÓSITO ESPINOSO

Los altos cactus saguaro dominan este paisaje desértico de Arizona, EE UU. Los pliegues de sus tallos espinosos pueden expandirse para almacenar el máximo de agua. Cerca de ellos crecen cactus más pequeños y arbustos leñosos.

SUPERVIVIENTES DE LA SEQUÍA

DESIERTO

Las zonas en las que llueve muy poco se convierten en desiertos. Su cielo despejado hace que el sol brille todo el día, así que en la mayoría de ellos hace mucho calor, aunque refresca por la noche. Es un entorno muy duro para las plantas, por lo que los más secos son yermos. Pero en otros cae algo de lluvia y las plantas han desarrollado estrategias para aprovecharla al máximo. Los arbustos espinosos disponen de largas raíces para absorberla y hojas pequeñas para perder poca agua. Los cactus de los desiertos americanos tienen tallos carnosos en los que almacenan agua, y otras plantas usan sus raíces carnosas con el mismo fin.

ALREDEDOR DEL MUNDO

La mayoría de los desiertos están en regiones subtropicales, donde el aire que se aleja del ecuador desciende y detiene la formación de nubes. A los desiertos fríos de Asia central no llega el aire oceánico con lluvia a causa de las altas cadenas montañosas, como el Himalaya.

AMÉRICA DEL NORTE   EUROPA   ASIA

Ecuador   ÁFRICA

AMÉRICA DEL SUR   AUSTRALASIA

CAZADOR NOCTURNO

Los insectos, los lagartos y los pequeños mamíferos de madriguera, como los ratones, son corrientes en el desierto. Se refugian bajo tierra de día y salen a alimentarse de noche. Los cazan depredadores como este mochuelo duende, que anida en los huecos que hacen los pájaros carpinteros en los cactus grandes.

RIQUEZA ESTACIONAL
BOSQUE TEMPLADO

Entre los trópicos y las gélidas regiones polares están las partes del mundo de veranos cálidos, inviernos suaves pero con heladas y lluvias regulares. Cuando llueve lo suficiente como para que los árboles crezcan bien, se forman bosques templados. Algunos árboles de estas regiones son de hoja perenne, con hojas pequeñas y duras capaces de sobrevivir a las heladas invernales. Pero la mayoría tienen hojas más anchas y delgadas que caen en otoño. Estos árboles de hoja caduca permanecen inactivos en invierno y echan hojas nuevas en primavera. Las hojas recién salidas son más eficientes absorbiendo la luz del sol que las duras hojas perennes, lo que les permite fabricar todo el alimento que el árbol necesita para crecer y reproducirse.

ALREDEDOR DEL MUNDO

AMÉRICA DEL NORTE
EUROPA
ASIA
ÁFRICA
Ecuador
AMÉRICA DEL SUR
AUSTRALASIA

Los bosques caducifolios templados se encuentran en el este de EE UU, el oeste de Europa y el este de Asia. En las regiones parecidas que no experimentan inviernos gélidos crecen bosques tropicales perennifolios templados. Se dan en partes del oeste de EE UU, del sur de Sudamérica, de Australia y de Nueva Zelanda.

VISITANTE ESTIVAL

Cuando aparecen hojas nuevas en los árboles, en primavera, se produce una eclosión en masa de insectos que se alimentan de hojas. Estos, a su vez, atraen a aves migratorias como este colirrojo real, que se desplaza hacia el norte desde los trópicos para anidar.

COLOR OTOÑAL

A medida que se acerca el invierno en Inglaterra, los árboles caducifolios absorben y reciclan los pigmentos verdes de sus hojas. Eso hace que cambien de color, al marrón, el amarillo o el rojo, antes de caer al suelo.

FRÍO INVERNAL
BOSQUE BOREAL

Entre las regiones templadas del norte y el gélido Ártico se encuentra la zona del bosque boreal, una vasta extensión cubierta básicamente de árboles de hoja perenne. Se conoce también como taiga y experimenta las temperaturas más bajas de la Tierra fuera de la Antártida. La mayoría de los árboles son coníferas, como abetos y pinos. Tienen resistentes hojas de aguja que pueden soportar las heladas y que siempre que brilla el sol están listas para captar su energía. Bajo los árboles, el suelo suele estar encharcado y cenagoso, con arroyos y charcas que se congelan en invierno.

ALREDEDOR DEL MUNDO

ÁRTICO

ASIA

EUROPA

AMÉRICA DEL NORTE

ÁFRICA

Ecuador

AMÉRICA DEL SUR

AUSTRALASIA

ANTÁRTIDA

El bosque boreal, o taiga, se extiende por la mayor parte de Escandinavia, Rusia, Siberia, Alaska y Canadá. En los límites septentrionales, los árboles dan paso a la tundra ártica. En el hemisferio sur no hay bosques boreales porque en la latitud adecuada, entre el ecuador y la Antártida, apenas hay terreno.

HIELO PROTECTOR

Los animales del bosque boreal tienen que ser fuertes para sobrevivir al duro invierno. Los castores almacenan el alimento en las charcas, que al congelarse conservan la comida fresca. Construyen presas en arroyos para que las charcas sean más profundas y ponen su refugio en el centro, a salvo de depredadores como los lobos. Cuando el agua se congela, permanecen ocultos bajo el hielo.

ÁRBOLES INVERNALES

Las coníferas se extienden en el vasto bosque boreal de la Siberia occidental, en Rusia. Los ríos y los lagos, congelados y cubiertos de nieve, serpentean entre los árboles, mientras el bajo sol invernal proyecta largas sombras.

EL BOSQUE MÁS GRANDE
DEL MUNDO

FLORACIÓN ESTIVAL

Las plantas de bajo crecimiento florecen en la tundra de Islandia y resplandecen bajo la luz mortecina del norte. Muchas plantas de la tundra forman densos cojines musgosos que resisten los vientos glaciales cargados de cristales de hielo.

FRANJA POLAR
TUNDRA

Las capas de hielo del Ártico y de la Antártida están bordeadas por la inhóspita tundra. En esta región, el sol apenas se eleva sobre el horizonte en invierno, así que las temperaturas caen en picado y toda el agua del suelo se congela. Pero, en verano, es de día casi todo el tiempo, así que el suelo se calienta, las capas superficiales se derriten y a menudo convierten el suelo en un barrizal. Las plantas que resisten el invierno florecen y esparcen sus semillas, y enjambres de insectos se reproducen en las charcas. Las plantas y los insectos atraen a visitantes estivales, como los gansos, que anidan y crían, y luego, cuando la nieve invernal empieza a caer de nuevo, migran a regiones más cálidas.

ALREDEDOR DEL MUNDO

La mayor parte de las tundras están al norte de los grandes bosques boreales, alrededor del océano Glacial Ártico, en Alaska, Canadá, zonas costeras de Groenlandia, Islandia, Rusia y Escandinavia. En el hemisferio sur hay algunas diseminadas por los límites de la Antártida y en las remotas islas rocosas del gélido océano Glacial Antártico.

MERODEADORES

Muchos animales solo visitan la tundra en verano, pero algunos se quedan todo el crudo invierno. En el norte están los lemmings, que viven bajo la nieve, a salvo de los gélidos vientos. Son cazados por depredadores como este zorro ártico, que se mantiene caliente gracias a su grueso pelaje blanco. Otros cazadores de la tundra son el lobo ártico y el búho nival.

BAJO LAS OLAS
HÁBITATS MARINOS

EL MAYOR BIOMA DE LA TIERRA

La mayor parte de los seres vivos viven en el océano. Los océanos forman un vasto espacio habitable con muchos hábitats distintos, desde gélidos mares polares hasta arrecifes de coral tropicales. El alimento básico del océano son las algas que van a la deriva en forma de plancton cerca de la superficie. El resto de los seres del océano dependen de él. Donde el agua rica en minerales estimula el crecimiento del plancton, se forman bancos de animales parecidos a gambas y pequeños peces, que se alimentan de él, cazados a su vez por peces más grandes, así como por ballenas, delfines y aves marinas.

ALREDEDOR DEL MUNDO

OCÉANO GLACIAL ÁRTICO

OCÉANO ATLÁNTICO

OCÉANO PACÍFICO

Ecuador

OCÉANO PACÍFICO

OCÉANO ÍNDICO

OCÉANO GLACIAL ANTÁRTICO

Los océanos, con una profundidad media de 3800 m, cubren más de dos terceras partes del planeta. La mayoría de los animales marinos viven en la zona iluminada por el sol, cerca de la superficie, y en los mares costeros poco profundos, en los que abunda la comida. Pero hay seres vivos en cualquier parte del océano, incluso en las oscuras profundidades.

OCÉANOS HELADOS

En el Ártico y la Antártida, las bajas temperaturas hacen que los océanos se hielen en invierno. Pero los peces y otros animales viven bajo el hielo, y son cazados por depredadores como las focas y los pingüinos. En el Ártico, las focas son la principal presa de los osos polares, que cazan en el hielo marino en invierno y rara vez van a tierra firme.

CAZADOR VELOZ

Un gran banco de sardinas que se alimenta del plancton en el Caribe ha atraído a un pez vela, uno de los cazadores más rápidos. El banco se dispersa cuando el pez vela ataca, pero el cazador será demasiado veloz para muchos de estos peces.

AGRADECIMIENTOS

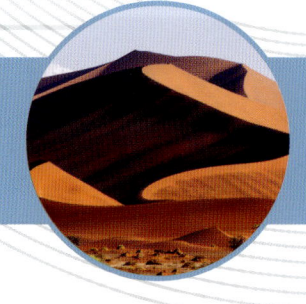

Dorling Kindersley quiere agradecer a la Dra. Michelle Harris, los profesores Chris Morley, Antony Morris, Robin Lacassin y Mark Saunders por su consejo experto; la NASA por los datos topográficos del monte Etna; el British Antarctic Survey por los datos topográficos de la Antártida; Gary Hanna y Peter Bull por sus ilustraciones; Jane Thomas y Smiljka Surla por su asistencia en diseño; Jane Evans por la revisión; Carron Brown por el índice; Antara Moitra por su asistencia editorial; Chhaya Sajwan, Neha Sharma, Roshni Kapur y Vaishali Kalra por su asistencia en diseño; y Ashwin Raju Adimari por la documentación gráfica adicional.

Créditos de las imágenes
Los editores agradecen a los siguientes el permiso para reproducir sus fotografías:

(Clave: a: arriba; b: bajo/debajo; c: centro; d: derecha e: extremo; i: izquierda; s: superior)

5 Dreamstime.com: Dirk Sigmund (sc). **Getty Images:** Jim Sugar (sd). **Imagelibrary India Pvt Ltd:** Krzysztof Hanusiak (si). **6-7 Rex Shutterstock:** Fernando Famiani. **11 NASA:** Johns Hopkins University Applied Physics Laboratory / Southwest Research Institute (c). **12-13 NASA:** JSC. **14 123RF.com:** Boris Stromar / astrobobo (bi). **15 Alamy Stock Photo:** Stocktrek Images, Inc. (cda). **Getty Images:** Marisa López Estivill (cdb); Marc Ward / Stocktrek Images (cd). **17 iStockphoto.com:** mafra13 (sd). **18 NOAA PMEL Earth-Ocean Interactions Program:** (bi). **19 Alamy Stock Photo:** Dirk Bleyer / imageBROKER (si). **Getty Images:** Planet Observer (cda). **NOAA:** NSF (cd). **20 Alamy Stock Photo:** World History Archive (bd). **Science Photo Library:** NASA (cd). **21 Alamy Stock Photo:** Stocktrek Images, Inc. (sd). **22-23 Getty Images:** Arctic-Images / Corbis Documentary. **24 Getty Images:** Alex Ogle / AFP (cdb); Anthony Asael / Art in All of Us (cib); The Asahi Shimbun (cb). **25 Alamy Stock Photo:** Design Pics Inc (bi). **26 Getty Images:** Guiziou Franck / hemis. fr (bd). **27 Alamy Stock Photo:** Arctic Images / Ragnar Th Sigurdsson (bi). **Getty Images:** Kevin Schafer (si). **NASA:** (bd). **U.S. Geological Survey:** Lyn Topinko (cda). **28 Alamy Stock Photo:** Arctic Images / Ragnar Th Sigurdsson (cib). **29 Alamy Stock Photo:** Cultura RM / Art Wolfe (sd); Minden Pictures (cda). **Dreamstime.com:** Hel080808 (cdb). **Getty Images:** Marco Simoni (bd). **30-31 naturepl.com:** Guy Edwardes. **32 Alamy Stock Photo:** Matthijs Wetterauw (cib). **33 Alamy Stock Photo:** Roland Bouvier (si); RGB Ventures / SuperStock (cda); Siim Sepp (cb). **Dorling Kindersley:**

Colin Keates / Natural History Museum, Londres (ca). **Dreamstime.com:** Uhg1234 (cd). **Getty Images:** Andreas Strauss / LOOK-foto (cdb). **36 Alamy Stock Photo:** David Noton Photography (cib). **38-39 Jakub Polomski Photography. 40-41 Alamy Stock Photo:** Aurora Photos / Peter Essick. **41 Science Photo Library:** Bernhard Edmaier (cdb). **42-43 Getty Images:** Michael Dunning. **42 Getty Images:** JTB Photo (cib). **44-45 Getty Images:** Feng Wei Photography. **44 Getty Images:** Danita Delimont (cib). **46-47 Alamy Stock Photo:** Geoffrey Morgan. **47 Getty Images:** Hermes Images / AGF / UIG (cdb). **48-49 Getty Images:** Travelpix Ltd. **48 Dreamstime.com:** Ocskay Bence (ci). **50 Getty Images:** Joe Klamar (bd). **51 Alamy Stock Photo:** Tom Bean (sd). **52-53 123RF.com:** Alexander Garaev. **54-55 Alamy Stock Photo:** imageBROKER / Florian Kopp. **54 Alamy Stock Photo:** Pulsar Images (bi). **56-57 Alamy Stock Photo:** age fotostock / M&G Therin-Weise. **57 Alamy Stock Photo:** age fotostock / M&G Therin-Weise (cd). **58-59 Getty Images:** Steve Allen. **59 iStockphoto.com:** skouatroulio (cd). **60-61 Alamy Stock Photo:** Minden Pictures. **61 Getty Images:** Sylvester Adams (cdb). **62-63 Getty Images:** Yann Arthus-Bertrand. **63 National Geographic Creative:** Stephen Alvarez (cd). **64 Alamy Stock Photo:** John Warburton-Lee Photography (bi). **66-67 Getty Images:** Nigel Pavitt. **68-69 Getty Images:** Martin Harvey. **68 Getty Images:** Ch'ien Lee / Minden Pictures (bi). **70-71 Getty Images:** Eddie Lluisma. **70 Alamy Stock Photo:** Minden Pictures (ci). **74-75 naturepl.com:** Doug Perrine. **74 Getty Images:** Jim Sugar (ci). **76-77 Dreamstime.com:** Gardendreamer. **78 NASA:** Jeff Schmaltz, LANCE / EOSDIS MODIS Rapid Response Team (cib). **80-81 Getty Images:** Barcroft Media / Barcroft Images / Joel Santos. **80 Getty Images:** Michael Poliza (bi). **82-83 Dreamstime.com:** Dirk Sigmund. **82 iStockphoto.com:** guenterguni (ci). **84-85 Getty Images:** Heath Korvola. **85 Dreamstime.com:** Jan Mika (cdb). **86 Science Photo Library:** B. Murton / Southampton Oceanography Centre (si). **87 imagequestmarine.com:** (cia). **88-89 Getty Images:** Martin Yon. **88 Getty Images:** Planet Observer (cib). **90 Dreamstime.com:** Ollirg (ci). **91 Getty Images:** Tom Pfeiffer / VolcanoDiscovery (cda). **92-93 Science Photo Library:** Bernard Edmaier. **94 Alamy Stock Photo:** D. Hurst (si). **96-97 Getty Images:** Danita Delimont. **100-101 Dreamstime. com:** Davidrh. **100 Getty Images:** Chlaus Lotscher (cib). **102-103 Getty Images:** Tom Nevesely. **103 William Bowen:** (cdb).

104 Alamy Stock Photo: age fotostock / Gonzalo Azumendi (ci). **104-105 Imagelibrary India Pvt Ltd:** Peng Shi. **106-107 Terrence Lee / Terenceleezy. 106 Alamy Stock Photo:** Design Pics Inc / John Hyde (ci). **108 Alamy Stock Photo:** Nature Picture Library (cib). **109 NASA:** mapas del NASA Earth Observatory de Joshua Stevens, utilizando datos AMSR2 proporcionados por GCOM-W1 / JAXA (d). **110-111 Getty Images:** Ben Cranke. **112-113 Getty Images:** Mark J. Thomas. **113 Getty Images:** Paul Souders (cd). **114-115 Joel A. Hagen. 114 Robert Harding Picture Library:** Matthias Baumgartner (ci). **116-117 Getty Images:** Anton Petrus. **117 Solent Picture Desk / Solent News & Photo Agency, Southampton:** (cd). **120-121 Rex Shutterstock:** AirPano.com / Solent News. **120 Getty Images:** Rieger Bertrand / hemis.fr (ci). **122-123 Alamy Stock Photo:** Aurora Photos / Ryan Deboodt. **122 John Spies:** (ci). **124-125 Getty Images:** Layne Kennedy. **124 Alamy Stock Photo:** WILDLIFE GmbH (bi). **126-127 Imagelibrary India Pvt Ltd:** Seth Aronstam. **126 Dreamstime. com:** Bragearonsen (ci). **128-129 Alamy Stock Photo:** Tom Till. **128 Alamy Stock Photo:** Tom Till (cib). **130-131 Getty Images:** John y Tina Reid. **131 Getty Images:** Funkystock (cd). **133 Dreamstime.com:** Andreas Wass (cd). **Getty Images:** D. Parer & E. Parer-Cook / Minden Pictures (bc). **134-135 Getty Images:** Andrew Watson. **136-137 Getty Images:** Universal Images Group. **137 Getty Images:** Majority World (cdb). **138-139 Getty Images:** Jane Sweeney. **139 123RF.com:** alicenerr (cdb). **140-141 Getty Images:** Yann Arthus-Bertrand. **140 Getty Images:** David Doubilet (ci). **142-143 Getty Images:** Anup Shah / Nature Picture Library. **142 Getty Images:** Paul y Paveena Mckenzie (ci). **146-147 Greg McCown / SaguaroPicture. 146 Alamy Stock Photo:** TravelStockCollection - Homer Sykes (ci). **148-149 Martin Rietze. 150-151 Sean R. Heavey. 150 Science Photo Library:** Paul D Stewart (ci). **152-153 Brian A. Morganti. 152 Getty Images:** Tasos Katopodis (cib). **154 Press Association Images:** John Locher / AP Photo (ci); AP Photo / John Locher (cib). **154-155 Chopperguy. com:** Photographer Jerry Ferguson, Pilot Andrew Park. **157 Getty Images:** Mario Tama (sd). **158-159 Alamy Stock Photo:** NOAA Handout / Gado. **160-161 Imagelibrary India Pvt Ltd:** Krzysztof Hanusiak. **161 Getty Images:** Guenter Fischer (cdb). **162-163 Getty Images:** David McNew. **162 NSW Rural Fire Service:** (cib). **164-165 Getty**

Images: Noppawat Tom Charoensinphon. **165 NASA:** Imager for Magnetopause-to-Aurora Global Exploration (cdb). **166-167 Press Association Images:** Biswaranjan Rout / AP. **167 Getty Images:** Sami Sarkis (cdb). **168-169 Nasser Alomari. 168 Photoshot:** (cib). **172 Press Association Images:** AP Photo (ci). **172-173 Rex Shutterstock:** Dennis M. Sabangan / EPA. **174-175 Getty Images:** The Asahi Shimbun. **174 Rex Shutterstock:** Miyako City Officer (cib). **176-177 Getty Images:** Cultura RM Exclusive / Lost Horizon Images. **176 123RF.com:** Paolo Gianfrancesco (ci). **178-179 Alberto García. 178 U.S. Geological Survey:** T. J. Casadevall (cib). **180-181 Alamy Stock Photo:** imageBROKER / Josef Beck. **182-183 Getty Images:** Paul Crock. **183 Getty Images:** William West / AFP (cd). **184-185 Getty Images:** Robyn Beck / AFP. **184 Getty Images:** Benjamin Lowy (ci). **186-187 123RF.com:** Manuel Pérez Medina. **186 FLPA:** Photo Researchers (cib). **190-191 National Geographic Creative:** Frans Lanting. **192-193 naturepl.com:** Wim van den Heever. **193 Getty Images:** Martin Harvey (bc). **194-195 Dreamstime.com:** Jonmanjeot. **195 Alamy Stock Photo:** Cultura RM / Image Source (bc). **196-197 Alamy Stock Photo:** robertharding / Ian Egner. **196 naturepl.com:** Andy Sands (bi). **198-199 naturepl.com:** Bryan and Cherry Alexander. **198 Alamy Stock Photo:** Robert McGouey / Wildlife (bi). **200-201 Promote Iceland:** Ragnar Th. Sigurdsson. **201 Alamy Stock Photo:** age fotostock / Michael S. Nolan (bc). **202-203 SeaPics.com:** C & M Fallows. **202 Alamy Stock Photo:** GM Photo Images (bi). **204 Getty Images:** Tom Pfeiffer / VolcanoDiscovery (esd); Andrew Watson (sd). **Robert Harding Picture Library:** Matthias Baumgartner (sc). **206 Alamy Stock Photo:** Minden Pictures (sc). **Getty Images:** Layne Kennedy (esd); Martin Yon (sd). **208 Alamy Stock Photo:** Geoffrey Morgan (sd)

Guardas delanteras: **Getty Images:** Yann Arthus-Bertrand 0; *Guardas traseras:* **Getty Images:** Yann Arthus-Bertrand 0

Resto de las imágenes:
© Dorling Kindersley
Para más información ver:
www.dkimages.com